DE LA CÉLÉBRATION DU MARIAGE RELIGIEUX & CIVIL

DU DIVORCE

ÉTUDE DE LÉGISLATION CANONIQUE ET CIVILE COMPARÉE

PAR

Le chanoine ALLEGRE

DOCTEUR EN THÉOLOGIE ET EN DROIT CANON

PARIS

A. ROGER ET F. CHERNOVIZ, LIBRAIRES-ÉDITEURS

7, RUE DES GRANDS-AUGUSTINS, 7

1893

DE LA CÉLÉBRATION

DU MARIAGE RELIGIEUX

ET DU MARIAGE CIVIL

Le titre du mariage est, avec les textes sur les actes d'état civil qui s'y rapportent, celui qui soulève le plus redoutable conflit entre les droits de l'Eglise et les dispositions de la loi civile. Les rédacteurs du Code, considérant le mariage comme un contrat purement civil, indépendamment du sacrement, ont agi comme si les lois de l'Eglise n'avaient pas été pendant des siècles la seule législation en matière matrimoniale, et comme si maintenant encore elles n'obligeaient pas les consciences.

Le mariage est un sacrement, et comme tel, soumis à la législation de l'Eglise.

Sans doute les rédacteurs du Code n'ont pas méconnu en principe le caractère essentiellement religieux du mariage. « Ce n'est » pas assez, disait Carrion Nisat, d'un magistrat, d'un homme » pour recevoir le serment des époux, et pour leur conférer un » si grand caractère; partout la divinité elle-même a été appelée » en témoin et en garantie. » Ils étaient donc loin de vouloir supprimer le côté religieux du mariage, mais ils l'ont réglé au point de vue civil, absolument comme s'il n'était pas un sacrement.

L'erreur capitale de leur œuvre a été de croire que le contrat naturel de mariage et le sacrement, quoique distincts en soi, pouvaient en fait être séparés, malgré l'institution de Notre-Seigneur et la déclaration formelle de l'Eglise. Dès lors à l'Etat de régir le contrat naturel, et de créer un lien matrimonial, un véritable mariage qui oblige en conscience; à l'Eglise d'accomplir le sacrement et les cérémonies qui l'accompagnent.

Aussi le Code civil ne se préoccupe-t-il nullement du droit canonique; il semble en ignorer l'existence et n'a aucun souci de se mettre d'accord avec lui.

Au contraire, la loi ecclésiastique et la loi civile auraient dû avoir l'œil l'une sur l'autre, pour ainsi dire, afin de ne pas mettre les *citoyens*, qui sont aussi des *fidèles*, dans une regrettable alternative, lorsque l'une permet ce que l'autre défend.

Nos législateurs ont totalement écarté la religion de leurs dispositions sur cette matière. Ils ont oublié ce que disait Montesquieu : « Tout ce qui regarde le caractère du mariage, sa forme, » la manière de le contracter, la fécondité qu'il procure, a fait » comprendre à tous les peuples qu'il était l'objet d'une béné» diction particulière, qui, n'y étant pas toujours attachée, dé» pendait de certaines grâces supérieures : tout cela est du res» sort de la Religion. Les conséquences de cette union par » rapport aux biens, les avantages réciproques, tout ce qui a du » rapport à la famille nouvelle, à celle dont elle est sortie, à » celle qui doit naître ; tout cela regarde les lois civiles... Il suit » de là que c'est à la loi de Religion à décider si le lien sera in» dissoluble ou non ; car si les lois de la Religion avaient établi » le lien indissoluble, et que les lois civiles eussent réglé qu'il se » peut rompre, ce seraient deux choses contradictoires (1). »

Il n'est donc pas étonnant que notre Code civil, en ce qui concerne le mariage, manque de cette harmonie nécessaire pour le jeu régulier des institutions sociales ; il en résultera des situations inextricables, que désavoueront l'opinion publique aussi bien que le législateur lui-même. De là sont nées des difficultés sérieuses pour les catholiques ; de là, dans les lois sur le mariage, un dualisme qui se manifeste à un double point de vue : l'un à la formation du mariage, c'est-à-dire à la célébration, l'autre à la détermination des conditions requises pour se marier.

D'abord le pouvoir civil ne reconnaît pas d'autre mariage que celui qu'il a lui-même célébré ; comment les catholiques pourront-ils satisfaire à la loi et aux canons du concile de Trente, qui exigent la célébration du mariage devant le propre prêtre de l'une des deux parties ?

Sans doute, ils peuvent se présenter successivement devant les deux autorités civile et religieuse, mais dans quel ordre devront-ils le faire ? Et l'une venant à manquer, quelle sera l'importance de l'autre ?

En second lieu, le droit canonique a déterminé les conditions requises pour se marier en créant des empêchements ; or l'Etat a revendiqué le même droit, et certains faits qui sont devenus

(1) MONTESQUIEU, liv. XXVII, ch. XXX.

des empêchements pour la loi civile, n'en sont pas moins au point de vue religieux, et réciproquement. Les époux dont le mariage a été annulé par les tribunaux ecclésiastiques vont donc être forcés de continuer la cohabitation sous la sanction du Code; d'autres, que les tribunaux civils ont déclaré déliés et libres de se remarier, resteront mariés aux yeux de l'Eglise.

Donc un double conflit par rapport à la célébration du mariage et aux empêchements.

Pour étudier convenablement ce double conflit, parcourons les différentes législations matrimoniales du monde civilisé à ce sujet, puis signalons les avantages et inconvénients du système préconisé par le Code civil; ensuite, nous essaierons de déterminer, à l'aide de ces mêmes législations comparées, le meilleur système de célébration de mariage, le plus approprié à l'Eglise et aux besoins de notre époque.

CHAPITRE PREMIER. — **Célébration du mariage**

SOMMAIRE. — Ce qui se fait en différents pays. Quatre systèmes principaux de célébration.

Quels sont les principaux systèmes de célébration de mariage usités dans les Codes modernes?

Pendant longtemps, le mariage a été en Angleterre purement religieux, et le droit de procéder à sa célébration exclusivement réservé aux ministres de l'Eglise anglicane. Ce n'est qu'en 1836 que fut institué le mariage civil pour ceux que des raisons de conscience empêchent de se marier dans les temples consacrés au culte officiel.

Depuis l'*Act* de 1836, on distingue en Angleterre trois sortes de mariages, au point de vue des formes extérieures auxquelles ils doivent satisfaire.

1° Le mariage anglican, qui est demeuré soumis aux règles canoniques et qui est parfait, indépendamment de l'intervention de toute autorité civile;

2° Le mariage civil, auquel il est procédé dans le bureau du *registrar* (officier de l'état civil), en présence de deux témoins, et qui consiste dans l'échange de déclarations solennelles entre les futurs.

3° Enfin lorsque les parties, professant une religion dissidente, répugnent à un mariage exclusivement civil, dans le bureau du *registrar*, elles peuvent échanger leurs consentements, en présence du *registrar* et des deux témoins réglementaires, dans un édifice, *enregistré* à la requête du propriétaire ou de l'administrateur et de vingt chefs de famille déclarant que leur culte y est publiquement célébré depuis un an au moins. Ainsi font les catholiques. Ceci ne concerne pas les quakers et les juifs ; ils ne sont pas obligés de faire enregistrer leurs lieux de culte pour pouvoir s'y marier (1).

Les règles qui viennent d'être exposées ne s'appliquent qu'à la Grande-Bretagne ; elles sont étrangères à la formation du mariage en Ecosse et en Irlande.

En Ecosse, on distingue deux sortes de mariages : le mariage *régulier*, précédé de publications et célébré par un prêtre, après une résidence de six semaines ; et le mariage *irrégulier*, qui, bien que passible d'une légère amende, produit les mêmes effets. Le mariage *irrégulier* se forme par la déclaration faite par les futurs de leur volonté de s'unir actuellement (*verba de præsenti*), ou encore par la promesse qu'ils ont échangée de s'unir plus tard (*verba de futuro*), pourvu que cette promesse vienne à être suivie d'une cohabitation effective. Cette déclaration se fait soit par écrit, soit devant un magistrat, devant un ministre du culte ou devant deux témoins notables ; elle peut, d'ailleurs, s'induire de toutes circonstances, même de la commune renommée (*habit and repute*). — Aucune condition de résidence n'était autrefois imposée aux personnes qui venaient contracter un mariage irrégulier sur le sol d'Ecosse ; aussi, avant l'établissement du mariage civil en Angleterre, n'était-il pas rare de voir des sujets anglais aller y contracter mariage pour se soustraire à l'intervention du clergé officiel : c'est là l'origine des mariages de Gretna-Green, qui n'appartiennent plus aujourd'hui qu'à la légende (2). Une loi du 31 décembre 1856, connue sous le nom d'*Act* de lord Brougham, a rendu impossible les unions précipitées et clandestines de Gretna-Green, en soumettant les futurs à certaines conditions de résidence sur le sol écossais. Son article 1er dispose que : « Tout mariage irrégulièrement contracté en Ecosse par déclaration, aveu ou cérémonie, doit être déclaré nul, à moins que l'un des conjoints n'ait eu sa résidence ordinaire en

(1) Fœlix, t. II, p. 470 et suiv. ; Lehr, *Éléments de droit civil anglais*, p. 49 et s. ; E. Stocquart, *Commentaire de la loi du 20 mai 1882 sur le mariage des Belges en pays étranger*, p. 15 et s.

(2) Gretna-Green étant le village d'Ecosse le plus voisin de la frontière anglaise, tous les couples, dont l'union rencontrait quelque obstacle en Angleterre, s'y donnaient rendez-vous et échangeaient leur consentement au mariage devant un forgeron qui en en témoignant, avait trouvé moyen d'ajouter à ses revenus. Ce forgeron réalisa de tels bénéfices, que ses successeurs établirent un véritable office où l'on vint échanger les consentements ; il était dressé acte, dont on obtenait extrait moyennant argent.

Ecosse, ou n'y ait vécu pendant les vingt-un jours qui ont précédé le mariage. » La haute cour de justice (division des divorces) a appliqué cette disposition par un arrêt du 19 février 1878.

En Irlande, les mariages anglicans sont soumis aux mêmes règles qu'en Angleterre ; quant au mariage entre catholiques, jusqu'en 1843, il était admis qu'il se formait valablement par le seul consentement des parties, par application de la *common law*. Mais, à cette date, un arrêt de la Chambre des lords, qui a fait jurisprudence, décida que le mariage ne pouvait être régulièrement contracté que devant les prêtres. Cet arrêt frappait directement les dissidents ; aussi un bill de 1844 vint-il leur reconnaître le droit de se marier, en se conformant aux prescriptions de leur propre loi religieuse.

En Allemagne, la loi d'empire du 6 février 1875 a rendu partout obligatoire le mariage civil, et a établi des règles uniformes pour sa célébration dans tous les Etats allemands (1).

Le Code civil autrichien de 1811 avait fait du mariage un contrat à la fois civil et religieux. Il devait être célébré à l'église par le ministre du culte auquel appartenaient les parties, pourvu que ce culte fût reconnu par l'Etat, et que l'autorité ecclésiastique eût procédé à des publications préalables ; mais le prêtre intervenait non seulement comme témoin ecclésiastique, mais aussi comme officier public, c'est-à-dire représentant du pouvoir séculier, chargé à ce titre de recevoir la déclaration des futurs ; aussi, en cas de dissentiment entre lui et ceux-ci, était-ce aux juridictions civiles à statuer. Le clergé ayant réclamé contre l'immixtion de ces dernières, comme attentatoires aux droits de l'Eglise, une loi du 8 octobre 1856, rendue à la suite du Concordat, reconnut purement et simplement force légale aux décrets du concile de Trente, relatifs au mariage des catholiques ; des tribunaux ecclésiastiques furent créés pour connaître des causes matrimoniales. La réaction ne fut pas longue à venir ; dès 1868, le parti libéral obtint l'abrogation de la loi de 1856 et le rétablissement du Code civil de 1811, en ce qui touche le mariage (loi du 25 mai 1868). On alla même plus loin que ce Code, en instituant un mariage purement civil, pour le cas où le prêtre refuserait son concours aux futurs, à raison d'un empêchement canonique repoussé par la loi civile (2). Enfin, une loi du 9 avril 1870 a com-

(1) Loi de 1875, art. 67 : « Tout prêtre ou ministre du culte qui procède à la célébration d'un mariage religieux, sans avoir demandé la preuve du mariage civil, encourt une amende qui peut s'élever jusqu'à 300 marcks (375 francs), ou un emprisonnement de trois mois au plus. »

(2) Loi du 25 mai 1868, art. 2 : « Lorsqu'un des pasteurs chargés, aux termes du Code civil général, de la publications des bans de mariage, refuse

plété cette évolution, en organisant, pour les personnes qui ne professent aucun culte reconnu, le mariage civil obligatoire devant le chef du district de l'autorité communale.

En Hongrie, le mariage est exclusivement religieux, lorsque les règlements de la confession, à laquelle appartiennent les futurs, exigent l'intervention de l'Eglise.

Jusqu'en 1870, la législation espagnole n'a connu que le mariage religieux, célébré selon les formes prescrites par le concile de Trente (ord. de Philippe II, du 12 juillet 1564). La loi du 18 juin 1870 a sécularisé le mariage en enlevant au clergé la tenue des registres de l'état civil; toutefois, elle avait permis aux futurs de faire bénir leur union par le prêtre, avant qu'elle n'eût reçu la consécration de l'autorité civile. Aussi beaucoup de personnes, voyant un acte d'impiété dans le fait de se soumettre aux formalités du mariage civil, se contentaient-elles du lien purement religieux que l'Eglise avait consacré, et ces unions, irrégulières au regard de la loi, s'étaient-elles multipliées dans des proportions inquiétantes. Un décret royal du 9 février 1875 vint faire en cette matière la part des scrupules religieux en même temps que celle de la loi civile. Le mariage civil perd son caractère obligatoire ; les parties peuvent lui préférer le mariage religieux ; mais, dans ce cas, elles doivent, dans les huit jours de la célébration, requérir, à peine d'amende, l'inscription de leur mariage sur les registres de l'Etat civil.

D'après le nouveau Code espagnol de 1889, il n'y a pour les catholiques que le mariage canonique contracté conformément aux dispositions du concile de Trente et autres lois de l'Eglise, et alors ce mariage canonique produira les effets civils tant par rapport aux époux que par rapport aux enfants et à la famille, pour leurs personnes et pour leurs biens.

A ce mariage assiste le juge municipal, dans le seul but de faire l'inscription immédiate du mariage sur le registre de l'état civil.

Les questions de validité ou non-validité du mariage sont jugées par les officialités ecclésiastiques.

Il y a un mariage civil pour les non catholiques.

Le Code portugais de 1868 distingue, comme la loi espagnole,

de s'en charger, ou lorsqu'un des pasteurs chargés de recevoir la déclaration solennelle du consentement, et devant lequel les fiancés se sont présentés dans ce but, refuse d'accepter la déclaration du consentement au mariage, pour une cause d'empêchement qui n'est pas reconnue par la loi de l'Etat, il est loisible aux fiancés de réclamer la publication de leurs bans par l'autorité civile et de faire devant celle-ci la déclaration de leur volonté commune de s'unir. »

deux mariages différents, au point de vue de la forme : le mariage religieux, célébré suivant les règles canoniques, qui est obligatoire pour les futurs catholiques, et qui doit être notifié à l'autorité civile ; le mariage civil, célébré par l'officier de l'état civil en dehors de toute intervention ecclésiastique, pour les dissidents (art. 1057). La législation portugaise ne donne pas aux futurs l'option entre les deux formes de mariage qu'elle consacre ; elle leur impose l'une ou l'autre, suivant leur religion.

En Italie, le mariage civil a été organisé par le Code civil de 1865 sur des bases presque identiques à la France. Toutefois la priorité du mariage civil n'est pas obligatoire ; on peut se marier d'abord à l'église et ensuite à la mairie, ou réciproquement.

Le Code roumain établit le mariage civil, mais une jurisprudence fondée sur l'article 22 de la Constitution oblige les chrétiens à recevoir la bénédiction nuptiale, faute de quoi, le mariage civil serait nul et sans effets.

En Russie, le mariage des sujets appartenant à la religion orthodoxe est considéré comme un acte essentiellement religieux. De même, les adhérents des autres cultes se marient conformément aux règles établies par leur loi religieuse. Enfin une loi du 19 avril 1874 a organisé pour les sectes dissidentes, qui se sont développées depuis deux siècles dans le sein de l'Eglise orthodoxe, un mariage civil, auquel il est procédé, dans les villes, par le chef de la police de l'arrondissement, dans les campagnes, par le *volost* (ancien de la commune) assisté de deux témoins.

Dans les Etats scandinaves, le mariage a longtemps été un contrat exclusivement religieux ; mais aujourd'hui le mariage civil tend à s'y juxtaposer au mariage religieux, sinon encore à prendre sa place.

Le Code suédois de 1734 dispose que les effets du mariage ne seront produits qu'à compter de la bénédiction nuptiale donnée aux futurs par le ministre de l'Eglise luthérienne, après trois publications faites de dimanche en dimanche, au temple de la paroisse où la fiancée a son domicile. Si les futurs appartiennent tous deux à un culte dissident, leur mariage pourra être célébré par le clergé qui le dessert, pourvu que le Gouvernement suédois lui ait reconnu d'une manière générale compétence à cet effet, et que les publications aient été faites dans le temple luthérien de la paroisse du domicile de la future (Loi du 31 octobre 1873). Cependant, par exception, des lois spéciales ont autorisé le mariage civil, dans diverses hypothèses où la différence des confessions aurait été pour la célébration d'une union religieuse un obstacle insurmontable. Lorsque les parties appartiennent à des cultes non luthériens différents, possédant chacun un clergé autorisé à procéder au mariage de leurs paroissiens, ou lorsqu'un des futurs professe seul un de ces cultes, ou encore lorsqu'un des contractants est luthérien et que l'autre pratique une autre religion chrétienne, le mariage peut être célébré, soit religieusement devant un ecclésiastique autorisé de l'une ou de l'autre de ces confessions, soit devant l'autorité civile au choix des futurs (Loi du 31 octobre 1873). Enfin le mariage civil est obligatoire en Suède : 1° quand ni l'un ni l'autre des contractants n'appartient à l'Eglise officielle ou à l'une des confessions dont il vient d'être parlé ; 2° quand l'un est chrétien, l'autre israélite (Loi du 20 janvier 1863) ; 3° quand l'un des contractants n'a pas été baptisé ou n'a pas reçu la communion dans l'Eglise suédoise, mais qu'il n'appartient pas davantage à une confession étrangère (Loi du 15 octobre 1880).

L'officier compétent pour célébrer le mariage civil est, dans les villes, le magistrat municipal, dans les communes rurales, *le kronofogde* (officier de bailliage).

En Norwège, le mariage de ceux qui appartiennent à la religion luthérienne, qui est la religion de l'Etat, est célébré par le pasteur dans l'église du domicile de la femme. Quant à ceux qui professent un culte dissident, ils peuvent être mariés par un notaire, depuis une loi du 16 juillet 1845.

Au Danemark, une loi du 13 août 1851 permet aux futurs d'opter entre les formes civiles et les formes religieuses, quel que soit d'ailleurs le culte dont ils fassent profession. Le roi peut autoriser la célébration du mariage au domicile de l'une des parties, et en dehors de toute publication préalable.

La loi serbe a conservé au mariage un caractère entièrement religieux (C. civ. art. 60) ; il résulte de la bénédiction donnée aux futurs par le pope, suivant les rites de l'Eglise, en présence de deux ou trois témoins.

En Grèce, les ministres des divers cultes procèdent valablement à la célébration du mariage de leurs fidèles ; si les futurs font profession de religions différentes, la bénédiction doit être donnée par l'Eglise d'Orient, à la condition que les enfants soient élevés dans les croyances de l'époux orthodoxe.

La législation néerlandaise, sur les formes du mariage, reproduit, sans changement appréciable, les dispositions du Code civil français ; elle s'en sépare cependant, en ce qu'elle permet au Roi d'autoriser, pour des motifs graves, les parties à se marier par mandataire spécial, en vertu d'un acte authentique (C. civ. art. 134).

En Suisse, la loi fédérale du 24 septembre 1874 a enlevé au clergé, dans tous les cantons où il l'avait conservée, la tenue des registres de l'état civil, et, par suite, le droit de célébrer le mariage de ses paroissiens. Désormais, c'est aux autorités civiles qu'il appartient d'y procéder ; et il est interdit aux ministres des différents cultes de bénir une union qui n'aurait pas encore été formée devant elles.

En Turquie, les prêtres des diverses confessions ou communautés religieuses célèbrent valablement le mariage de ceux qui en dépendent (Loi de 1881 sur l'état civil, art. 23), à la charge d'en faire la déclaration, dans les huit jours qui le suivent, au directeur de l'état civil.

Enfin, on applique encore, dans la plupart des Etats d'Amérique du Nord, en l'absence d'une loi fédérale sur le mariage, commune à tous, les règles de l'ancienne *common law* anglaise. Le mariage y est purement consensuel ; il suffit, pour qu'il existe, que les consentements aient été échangés, de quelque manière et dans quelque circonstance que ce soit ; et tous les moyens de preuve sont admis : la cohabitation constitue même une présomption de mariage, que la preuve contraire peut seule invalider.

M. Wheaton rapporte dans son *Journal*, 1879, p. 237, une espèce particulièrement curieuse, que les Cours de l'Etat de New-York ont eue à juger.

Un Américain, M. Bissel, s'était engagé à se marier ; mais il était convaincu ou feignait d'être convaincu que sa conscience s'opposait à l'accomplissement de toute cérémonie ecclésiastique ou séculière. Non seulement il s'opposa à la présence de tout ecclésiastique et de tout magistrat à la cérémonie, mais encore il ne voulut aucun hôte, aucun témoin pour la célébration du mariage. Il emmena la femme qu'il avait choisie dans une promenade en voiture. Quand les deux fiancés se trouvèrent seuls dans la voiture, personne ne pouvant les voir ou les entendre, M. Bissel tira un anneau de sa poche et le passant au doigt de la fiancée, dit : Ceci est votre anneau nuptial ; nous sommes mariés. La femme ayant donné son assentiment, il ajouta : « Je veux vivre avec vous et prendre soin de vous, tous les jours de ma vie, vous considérant comme ma femme. » La voiture les conduisit à une maison où M. Bissel avait retenu un appartement pour lui et sa femme. Ils restèrent là un mois, le mari traitant la femme comme son épouse légitime ; mais, à la fin du mois, ils se brouillèrent et se séparèrent. Le mariage fut déclaré valable.

Toutefois, en général, les mariages aux Etats-Unis se font à l'église, ou au temple, ou devant un fonctionnaire reconnu par l'Etat. Avant de se marier, les parties font une déclaration devant l'employé de l'Etat; celui-ci leur donne une *licence* qui sera montrée au ministre du culte; le mariage religieux célébré, les parties font enregistrer leur union à l'état civil, ce qui est l'équivalent de la notification dans d'autres pays.

En résumé, nous comptons quatre systèmes de célébration de mariage :

1° Le ministre du culte est officier de l'état civil, et le mariage est purement religieux, mais produisant des effets civils. Ainsi en Autriche, pour les catholiques ; en Danemark, en Suède, en Norwège et en Grèce, pour les cultes reconnus ; en Angleterre, pour les protestants; en Russie et en Serbie, pour les fidèles de l'église nationale ; au Pérou, dans l'Equateur et dans la Bolivie, pour les catholiques.

Le mariage religieux, dont nous venons de parler, produit de lui-même la légitimité civile qui en dépend, pour les époux et les enfants: l'extrait du registre de paroisse délivré par le ministre du culte fait foi devant les tribunaux ; la nullité du mariage religieux entraînerait la nullité des effets civils qui en découlent pour les enfants et les époux.

2° Les parties se présentent devant l'officier d'état civil, qui dresse acte du mariage civil et en délivre des extraits. Les effets civils et la légitimité civile de l'union ne datent que de ce moment.

La validité ou la nullité du mariage civil est indépendante de celle du mariage religieux.

C'est là le système du Code civil français, et qui semble s'être répandu généralement dans les deux mondes avec quelques différences de détail.

Tantôt la priorité du mariage civil est obligatoire, comme en France, en Belgique, en Allemagne, en Hollande, en Bavière, en Suisse, en Roumanie, à Haïti, dans le Guatémala, dans le Vénézuéla et dans la République Argentine.

Tantôt la priorité du mariage civil est facultative, et les parties à leur gré peuvent contracter mariage, d'abord à l'église ou au temple, puis aller à la mairie réciproquement, comme en Italie (1), au Mexique, au Brésil et au Chili.

Quelquefois les parties ne sont pas obligées de se déplacer pour aller à la mairie, mais le chef de l'Etat peut leur accorder de faire venir dans leur maison l'officier de l'état civil qui pro-

(1) Un projet de loi existe en Italie pour rendre obligatoire la priorité du mariage civil.

cède au mariage chez elles, ainsi en Danemark, au Chili. Du reste, en France, l'officier de l'état civil, en présence de raisons dont il apprécie la gravité, peut, même en dehors du cas de maladie, et exceptionnellement, procéder à la célébration du mariage au domicile de l'un des époux, sous les conditions de publicité nécessaire (V. les art. 91 et 193, et arrêt de cassation, 31 août 1824, Dalloz, 1824, I, 336).

Enfin, en Roumanie, quoique le mariage civil soit bien distinct du mariage religieux et le précède, la validité du premier est subordonnée à la célébration et à la validité du second.

3° Les parties ne se présentent pas devant l'officier de l'état civil, ni à la mairie ni chez elles, mais celui-ci se transporte à la sacristie de l'église où se célèbre le mariage ; le consentement des deux époux n'est pas renouvelé devant lui, mais il relate le mariage religieux sur son registre d'état civil, et dès lors sont produits les effets civils.

Ainsi en Angleterre pour le mariage des catholiques, car pour les protestants il n'y a que le mariage religieux ; ainsi en Espagne et en Nouvelle-Colombie pour le mariage des catholiques ;

4° Les parties ne se présentent pas devant l'officier de l'état civil, ni à la mairie, ni chez elles, ni à la sacristie, mais le ministre du culte ou les parties font notifier le mariage religieux à l'officier de l'état civil. Ainsi en Portugal, en Turquie (où il n'y a pas de mairie), aux Etats-Unis, à Costa-Rica, à Saint-Marin et dans l'ancien duché de Modène.

Ajoutons que dans ces différents pays, quel que soit le système adopté, il existe généralement un mariage civil, devant un fonctionnaire de l'Etat, à l'usage de ceux qui ne voudraient pas, pour certaines raisons de conscience, se soumettre au mariage religieux, ou dans certains cas exceptionnels (1).

CHAPITRE II. — **Système du Code civil français**

SOMMAIRE. — Avantages, inconvénients. Paroles de Pie IX. Opinion de Marcadé. Les mariages *in extremis*.

Les quatre systèmes exposés, dont nous discuterons plus tard la valeur, demandons-nous maintenant quels sont les avantages et inconvénients de celui du Code civil. Suivons-en d'abord la formation dans le Code civil et dans le Code pénal.

D'après la Constitution de 3-14 septembre 1791, titre II, art. 7, « la loi ne considère le mariage que comme contrat civil ; » et la

(1) Ces renseignements sur la célébration des mariages sont en grande partie empruntés à M. WEISS, *Droit international privé*.

loi des 20-25 septembre 1792 ne reconnaît que le mariage célébré devant l'officier d'état civil. Cette législation ignore le mariage religieux, mais du moins elle le laisse libre ; la loi de 1792 prend même la peine de le dire expressément dans un dernier article.

Mais, dix ans après, l'article 54 de la loi du 18 germinal an X, connue sous le nom d'Articles organiques du Concordat, vint décider que les ministres du culte catholique « ne donneront la bénédiction nuptiale qu'à ceux qui justifieront en bonne et due forme avoir contracté mariage devant l'officier civil. » La sanction de cette disposition est l'appel comme d'abus.

C'était une modification grave à la situation respective de l'Eglise et de l'Etat quant au mariage. Désormais, la loi exige que la célébration par l'officier d'état civil précède le mariage religieux.

Tel était le régime de 1804 ; à cette date, la promulgation du Code civil n'y changea rien.

Mais, en 1810, fut promulgué le Code pénal, qui accentua, en y ajoutant une sanction sévère, la disposition des Articles organiques. Les articles 199 et 200 de ce Code, placés au titre Ier du Livre III sous la rubrique : « Des contraventions propres à compromettre l'état civil des personnes, » sont ainsi conçus :

Art. 199. — *Tout ministre du culte qui procédera aux cérémonies religieuses d'un mariage, sans qu'il lui ait été justifié d'un acte de mariage préalablement reçu par les officiers de l'état civil, sera, pour la première fois, puni d'une amende de seize à cent francs.*

Art. 200. — *En cas de nouvelles contraventions de l'espèce exposée en l'article précédent, le ministre du culte qui les aura commises sera puni, savoir : pour la première récidive, d'un emprisonnement de deux à cinq ans, et, pour la seconde, de la détention.* »

Ces textes font partie d'une section de neuf articles destinés à réprimer, sous le titre de « Crimes et délits contre la paix publique, » les « troubles apportés à l'ordre public par les ministres des cultes dans l'exercice de leur ministère. » Depuis 1810, ils sont en vigueur ; la seule modification qu'ils aient subie a consisté à substituer, dans l'article 200, à la peine de la détention celle de la déportation, en vertu de la loi du 28 avril 1837 (1).

(1) Le cas prévu par l'article 200 du Code pénal est le seul, avec le délit d'ivresse manifeste, où la loi pénale française admette une aggravation progressive de la peine en cas de récidive, le seul où le juge soit contraint de prononcer, à la seconde récidive, une peine plus forte qu'à la première.

Il est bien certain que, si un homme et une femme, accompagnés de témoins, se présentaient devant leur propre prêtre et le forçaient à entendre l'échange de leurs volontés de se marier, celui-ci ne serait point passible du Code pénal, quoiqu'il y ait en pareil cas un mariage canoniquement valable ; la répression serait impossible, faute d'intention coupable de la part du prêtre. Mais, en dehors de cette hypothèse assez chimérique, il tombera, s'il célèbre le mariage sans un certificat qui constate l'accomplissement des formalités civiles, sous le coup de la loi pénale.

Et même un curé français, compétent pour marier canoniquement en tous lieux ses paroissiens, qui se transporterait au delà de la frontière pour célébrer un mariage dans ces conditions, n'échapperait pas toujours à la répression. En effet, d'après l'article 5 du Code d'instruction criminelle, modifié par la loi du 27 juin 1866, un Français qui a commis un crime hors de France peut être jugé et puni à son retour en France, s'il ne l'a pas été à l'étranger. Or, le fait prévu par l'article 199 du Code pénal est puni comme délit : il devient crime, s'il est commis pour la troisième fois. Sauf ce cas de seconde récidive, la répression pénale dans l'espèce est donc subordonnée à cette condition que la loi du pays où le mariage religieux a été célébré, renferme une disposition pénale, analogue à celle de la loi française.

Le Code pénal français n'est pas le seul en Europe qui exige, sous une sanction pénale, la priorité du mariage civil.

La Constitution belge du 5 février 1831 déclare, dans son article 16, que le mariage civil devra toujours précéder le mariage religieux, sauf les exceptions que les lois pourront apporter à ce principe. Or, aucune loi n'en a formulé (1). Jusqu'en 1867, les articles 179 et 200 du Code pénal français de 1810 sont restés en vigueur en Belgique ; et le nouveau Code pénal belge du 8 juin 1867 prononce, dans son article 247 (2), contre le prêtre qui célébrerait le mariage religieux avant le mariage civil, une amende de cinquante à cinq cents francs, et en cas de récidive l'emprisonnement de huit jours à trois mois. De même la loi allemande du 9 février 1875, dans son article 67 (3), sanctionne l'antériorité du mariage civil par une amende de trois cents marcks au maximum. Enfin l'article 59 de la loi fédérale suisse du 24 décembre 1874 (4) et l'article 149 du Code pénal des Pays-Bas du 3 mars

(1) Lawrence, *Etude de Législation comparée et de droit international ur le mariage*, *Revue de droit international et de législation comparée*, t. II, 1870, p. 88.

(2) Nypels, *Le Code pénal belge interprété*, Bruxelles, 1882, t. I, p. 686.

(3) *Annuaire de législation étrangère*, t. V, 1876, p. 286.

(4) *Annuaire de législation étrangère*, t. V, 1876, p. 700. — Nessi,

1881 (1) infligent aux prêtres, pour le même délit, l'un une amende de trois cents francs au maximum, doublée en cas de récidive, l'autre la peine de trois cents florins d'amende au maximum, qui se change en une détention de deux mois au maximum s'il y a récidive dans le délai de deux ans.

Pourquoi les articles organiques et le Code pénal ont-ils exigé, à la différence du droit révolutionnaire, que la célébration civile eût lieu avant le mariage religieux ?

La loi, dit-on (2), a pensé que, s'il n'y avait pas obligation de célébrer en premier lieu le mariage devant l'officier d'état civil, certaines personnes, après avoir échangé leurs consentements devant le prêtre, s'abstiendraient de se présenter devant l'officier civil. Elles encourraient bien alors une sanction, car la loi n'attacherait aucun effet civil à leur union religieuse. Mais peut-être s'en soucieraient-elles peu, se réservant la liberté de faire à leurs enfants, à défaut d'une filiation légitime reconnue par la loi, la situation qu'en conscience elles croiront devoir leur procurer. Et, de fait, on aurait probablement vu quelquefois employer ce procédé par des catholiques qui, ne réunissant pas les conditions requises par la loi civile pour se marier, se fussent cependant trouvés en état de contracter un mariage canoniquement valable ; cela leur eût suffi, en effet, pour cohabiter légitimement au point de vue de la conscience.

Ce ne serait point là, ajoute-t-on, uue situation exceptionnelle; l'exemple de l'Italie le prouve. Ainsi, à Palerme, sous l'empire d'une législation semblable à ce que fut le droit français de 1792 à 1802, sur 8,911 mariages contractés du 1er janvier 1865 au 31 décembre 1871, 2,850, c'est-à-dire 1 sur 4, ne l'ont été que religieusement et sans célébration devant l'officier d'état civil (3).

La loi française, concluent ses défenseurs, a eu raison d'édicter des sanctions pénales pour empêcher qu'il ne se formât

Revue de législation ancienne et moderne, française et étrangère, t. V, 1875, p. 460.

(1) WINTGENS, *Le Code pénal des Pas-Bas traduit et annoté*, p. 120.

(2) HUC, *Le Code civil italien et le Code Napoléon*, t. I, p. 42. — BOISSONADE, *Revue critique de législation et de jurisprudence*, t. XXIX, 1866, p. 174. — THÉZARD, *Le mariage civil*, *Revue générale du droit, de la législation et de la jurisprudence*, t. I, 1877, p. 561.

(3) Ernest DUBOIS, *Bulletin de la société de législation comparée*, t. II, 1673-74, p. 185. — Rapport adressé au garde des sceaux par le consul général de France à Naples en 1872, et cité par M. GONSE, *Notice sur des documents relatifs à la législation du mariage à l'étranger*, même volume, p. 272. — Cf. GUBBA, *I due matrimonii civile e religioso*, Pise, 1876, p. 4.

ainsi une population de gens qui cohabitent, en repos avec leur conscience, tandis que le pouvoir civil ne peut voir en eux que des concubins et doit traiter leurs enfants comme illégitimes.

Enfin le mariage religieux, s'il s'était célébré avant la comparution à l'état civil, ne servirait-il pas de moyen de séduction? Voici un homme qui demande la main d'une jeune fille; il trompe la famille sur ses sentiments religieux, et propose de célébrer le mariage en premier; une famille catholique ne peut qu'accéder à ce désir. Mais, après que devant le prêtre l'échange de consentements a eu lieu, le mari refuse de comparaître devant l'officier d'état civil: il n'existe aucun moyen de l'y contraindre; libre à lui par conséquent de priver sa femme de tous les avantages matériels ou pécuniaires que la loi attache au mariage, et de contracter avec une autre un mariage civil.

Pour éviter ces désordres facilités par le régime de 1792, les vicaires généraux de l'archevêque de Paris, en 1802, demandèrent que la loi obligeât les époux à se présenter d'abord devant l'officier de l'état civil (1). C'est pour donner satisfaction à leurs observations que la loi du 18 germinal an X exigea l'antériorité du mariage civil sur le mariage religieux. De même, en Italie, sous un régime identique à celui du droit français de 1792 à 1802, le cardinal Riario Sforza, archevêque de Naples, par lettre du 30 septembre 1872, interdisait à son clergé de célébrer les mariages religieux, si les parties ne rapportaient pas la preuve que le mariage civil avait été contracté au préalable (2); si pour des raisons graves il autorise la célébration du mariage religieux en premier, il exige en ce cas que les époux promettent sous serment de procéder aussitôt après au mariage civil, et désire que les publications pour le civil soient déjà faites.

Cette justification du système organisé par les articles organiques et le Code pénal ne nous paraît pas convaincante (3). Nul ne songe, il est vrai, à nier les dangers que présente le système du droit français de 1792 à 1802, et du droit italien actuel. Que l'autorité ecclésiastique ait voulu mettre un frein aux désordres qu'il rendait possibles, nous le comprenons sans peine. Mais que faut-il pour cela? Empêcher qu'un mariage religieux puisse n'être pas suivi immédiatement de sa constatation par l'officier d'état civil. Pour atteindre ce résultat, il n'était pas nécessaire d'ordonner que la célébration civile eût lieu la première.

(1) JAUFFRET, *Examen des articles organiques*, 1817, p. 88.
(2) GONSE, *loc. cit.*, p. 273.
(3) Cf. GAVOUYÈRE, *Le mariage entre chrétiens*, Revue catholique des Institutions et du Droit, t. XXIII, 1884, p. 57.

Les Italiens l'ont bien compris, et ceux-là même, parmi eux, publicistes (1) ou législateurs (2), qui ont fait ressortir les inconvénients d'une loi permettant de ne célébrer le mariage que devant le prêtre, n'ont point proposé pour cela d'adopter le système français. Ils ont songé soit à fonder, avec l'adhésion du clergé, des sociétés de propagande pour exhorter à ne pas négliger la célébration civile (3), soit à punir les personnes qui abuseraient de la bonne foi des époux pour les détourner de faire célébrer leur mariage civil (4), soit à ouvrir contre elles une action civile au profit des enfants privés ainsi du bénéfice de la légitimité (5). Nous verrons plus loin qu'il y a des procédés plus satisfaisants que ceux-là ; mais, quoi qu'il en soit, il suffit pour le moment de constater que, malgré les inconvénients avoués du régime de l'Italie, l'opinion générale dans ce pays le considère encore comme préférable au système français (6).

Celui-ci, en effet, présente des inconvénients inverses de ceux du Code italien et plus graves encore. Frappés de ceux du droit en vigueur à l'époque où ils parlaient, les vicaires généraux de Paris n'ont pas aperçu les dangers du système dont ils demandaient l'introduction. Pie IX avait une intelligence bien plus exacte de la situation, lorsque, le 3 otobre 1875 (7), il disait aux pèlerins belges : « Demandez que le sacrement de mariage précède le contrat civil. » Ajoutez-y la belle lettre de Léon XIII, du 8 février 1893, au patriarche de Venise et aux évêques de la province, qui contient la même doctrine.

Voici comme se sont manifestés dans la pratique les inconvénients du régime actuel : les époux échangent leur consentement devant l'officier d'état civil, puis l'un d'eux se refuse à procéder à la célébration religieuse ; il est marié aux yeux de la loi civile, il peut donc contraindre à la cohabitation son conjoint, qui voit un concubinage dans toute union que la religion ne consacre pas.

Il est vrai qu'un système a été soutenu, grâce auquel cette situation redoutable se résout sans difficulté ; il consiste à dire

(1) BUNIVA, *Proposte per impe ire la celebrazione dei matrimonii avanti il solo parocco, Circolo giuridico*, t. III, 1872, p. 166.

(2) Question posée par M. PASSIVINI à la Chambre des députés, le 27 mai 1872. E. DUBOIS, *loc. cit.*, p. 105, note 1.

(3) DUBOIS, *loc. cit.*, p. 105.

(4) *Eod. loc.*

(5) SPANNA, *Gazetta del popolo* du 7 juillet 1872.

(6) Circulaire de M. de FALCO, garde des sceaux, du 7 octobre 1872 ; DUBOIS, *loc. cit.*

(7) G. THÉRY, *Le mariage et la loi civile*, Lille, 1880, p. 1.

qu'en pareil cas le mariage est nul, du moins si l'époux catholique a demandé sans délai à procéder au mariage religieux, s'il a refusé la cohabitation jusqu'à ce qu'il ait été fait droit à sa demande par son conjoint, et s'il a dû compter, à raison d'une promesse au moins tacite, qu'elle ne lui serait pas refusée. On a dit en ce sens que le mari qui se refuse à la célébration religieuse (car c'est la femme d'ordinaire qui est trompée), n'est plus le même homme que la femme voulait épouser (1), et que le mariage est nul par erreur dans la personne. Mais cette proposition n'est guère soutenable ; car l'époux de mauvaise foi est bien le même individu, moins une qualité qu'on lui supposait à tort (2).

Aussi, pour défendre la même thèse, a-t-on, avec plus de vraisemblance, soutenu, en prenant la question de plus haut, que l'erreur sur les qualités est une cause de nullité du mariage. L'art. 180 du Code civil, d'après Marcadé (3), formulerait ce principe, et permettrait d'attaquer le mariage lorsqu'il y a eu erreur dans la personne. On s'écarte ainsi de la jurisprudence (4) d'après laquelle l'erreur sur les qualités n'entraîne pas la nullité du mariage (5). Aussi, bien que l'opinion de Marcadé puisse se défendre par de bons arguments, aurait-on peu de chance de voir prononcer par un tribunal la nullité du mariage, lorsque, l'un des époux se refusant à la célébration religieuse, l'autre constate qu'il s'est trompé en lui attribuant la qualité de catholique (6).

Mais, dit-on (7), sans qu'il y ait en pareil cas nullité du mariage, la femme dont le mari se refuse à la célébration religieuse n'est pas laissée sans défense par la loi. Elle est tenue, en vertu de l'article 214 du Code civil, d'habiter avec son mari ; mais de cette obligation est corrélatif le devoir que le même texte impose au mari « de la recevoir et de lui fournir tout ce qui est nécessaire pour les besoins de la vie selon ses facultés et son état », et celui que prescrit l'article 213, de lui donner protection. Or, le mari qui prétend obliger la femme à une cohabitation que réprouve sa conscience manque à l'obligation de protection, puisqu'au contraire il veut violenter ses sentiments

(1) Bressolles, *Mariage civil, mariage religieux*, *Revue de législation et de jurisprudence*, t. XXVII, 1846, t. I, p. 159.
(2) Thiériet, *Mariage civil, mariage religieux*, même volume, p. 161.
(3) *Mariage civil, mariage religieux*, *Revue de législation et de jurisprudence*, t. XXVII, 1846, t. II, p. 344.
(4) Cassation, 24 avril 1862 ; Dalloz, 62, I, 153.
(5) Cf. Thiériet, *Mariage civil, mariage religieux*, *Revue de la législation et de jurisprudence*, t. XXVIII, 1847, t. I, p. 370.
(6) Montpellier, 4 mai 1847 ; Dalloz, 47, II, 81.
(7) Duverger, *Observations sur le mémoire de M. Batbie*, *Revue critique de législation et de jurisprudence*, t. XXVIII, 1866, p. 317.

religieux. La loi, en prescrivant au mari de lui fournir ce qui est nécessaire à sa vie, n'entend pas seulement parler de ses besoins matériels; elle veut qu'il lui fasse une existance conciliable avec ses croyances. Dans l'espèce, il refuse d'accomplir cette obligation. Aussi la femme, alléguant à bon droit que les obligations des deux époux sont corrélatives l'une de l'autre, pourra-t-elle se refuser à la cohabitation jusqu'à ce que le mari consente à remplir son double devoir, la protège et la reçoive dignement. Si le mari persiste dans son refus, elle pourra invoquer ce refus comme une injure grave pour obtenir contre lui la séparation de corps ou le divorce, en vertu des articles 231 et 306 du Code civil. Il est vrai que les convictions irréligieuses du mari peuvent être sincères et exprimées avec assez de décence pour ne point constituer une injure à l'adresse de la femme (1); mais l'injure peut résulter des seuls faits et suffire néanmoins pour motiver la séparation de corps ou le divorce. On a proposé (2) d'introduire dans la loi un texte qui le dise expressément; ce serait, selon nous, une addition inutile. Le mari qui n'a point averti avant le mariage la future épouse de ses intentions à cet égard, use envers elle d'un procédé qui nous paraît injurieux au premier chef (3). Si la femme a dû, à raison des circonstances, croire que le mari consentirait à la célébration religieuse, il y a eu promesse tacite de faire célébrer le mariage par le prêtre; le mari, en s'y refusant, viole sa promesse, et ce manquement à un engagement pris, constitue une injure grave.

Toutefois, le refus de cohabitation fondé sur les articles 213 et 214 du Code civil et la séparation de corps ne constitueraient point un remède suffisant à la situation de la femme dans notre espèce. Ce n'est qu'une demi-justice; « ce n'est que la liberté de la solitude, elle ne rend pas à la femme le droit de disposer d'elle-même et la laisse rivée à un mariage fictif (4). »

Depuis que la loi du 27 juillet 1884 a rétabli le divorce, la situation a changé. Si, en effet, la femme dont le mari se refuse à la célébration religieuse obtient le divorce pour ce motif, il devient aussi libre que si le mariage était annulé pour erreur sur les qualités. Mais peut-on bien dire que la loi protège suffi-

(1) Batbie, *Révision du Code Napoléon*, *Revue critique de législation et de jurisprudence*, t. XXVIII, 1866, p. 317.

(2) P. Bernard, *La séparation de corps réformée*, même revue, t. XXVIII, 1860, p. 271.

(3) Coin-Delisle, *Sur le refus entre époux de bénédiction nuptiale*, même revue, t. III, 1853, p. 179. — Angers, 27 janvier 1859; Dalloz, 60, II, 97.

(4) Serret, *L'Univers* du 27 septembre 1868.

samment la conscience religieuse d'un époux, lorsque le seul moyen qu'elle lui offre d'obéir à ses croyances consiste à demander le divorce?

Il faut donc conclure que, à cause des dispositions des articles organiques et du Code pénal, aucun remède satisfaisant ne peut être trouvé à la situation d'un époux qui voit son conjoint, après la célébration civile, refuser de contracter le mariage religieux. La législation de 1802 et de 1810 ne mérite-t-elle pas à ce titre des reproches aussi sévères que ceux que l'on adressait au droit de 1792 et 1802?

Les articles 199 et 200 du Code pénal apparaissent sous un aspect odieux encore quand on songe qu'ils entravent dans les circonstances les plus délicates le ministère du prêtre. Appelé auprès d'un mourant qui a vécu jusque-là en concubinage, il ne peut lui administrer les derniers sacrements qu'après avoir régularisé la situation par un mariage religieux, lequel devrait être précédé d'un mariage civil. Or, quelle que soit la bonne volonté de l'officier de l'état civil, voulût-il se transporter auprès du moribond, il sera le plus souvent, à cause des délais de publication et des lenteurs inévitables, impossible au prêtre de célébrer le mariage *in extremis*, s'il doit auparavant avoir satisfait à la loi civile. La loi pourrait, il est vrai, par une simple modification de détail permettre, comme l'article 50 de la loi allemande du 9 février 1875, de célébrer le mariage sans publication préalable dans ces cas extrêmes. Mais alors encore le ministère du prêtre pourrait être entravé par l'inertie de l'autorité civile.

Enfin, si l'un des concubins dont il s'agit de régulariser la situation se trouve accidentellement hors du territoire de sa commune et y est sur le point de mourir, voilà encore une situation insoluble. Le maire de la commune où il est malade n'est pas, en effet, compétent pour la célébration civile de son mariage, et le maire de son domicile ne l'est pas hors de sa commune. Puisqu'il ne peut pas être satisfait à la loi civile, le prêtre se trouvera dans l'impossibilité de consacrer le mariage. S'il passe outre, il s'expose à la répression pénale.

Il est vrai que les articles 199 et 200 du Code pénal n'ont, pour ainsi dire, jamais reçu d'application en France. Cependant un vicaire de la paroisse Saint-Marcel à la Maison-Blanche, à Paris, a été condamné à l'amende pour avoir fait ce qu'on appelle *un mariage de réhabilitation*, sans s'assurer que le mariage civil fût célébré et bien que la bonne foi du vicaire ne fût pas douteuse (1).

(1) *Gazette des tribunaux*, 21 novembre 1889.

****

La disposition analogue du Code pénal belge a été quelquefois appliquée (1).

Aux inconvénients pratiques que nous avons signalés, se joignent encore des considérations théoriques pour condamner le système des articles organiques et du Code pénal.

Puisque, en sécularisant le mariage dans le Code civil, la loi française prétend ignorer le mariage religieux, elle devrait, pour rester fidèle à son principe, ne pas s'en occuper dans le Code pénal. De deux choses l'une : ou le mariage religieux n'est rien aux yeux du législateur, et alors pourquoi les articles 199 et 200 du Code pénal qui érigent en délit un acte de religion? Ou le mariage religieux est un fait important, et alors pourquoi le Code civil n'en tient-il aucun compte? Il faudrait choisir entre ces deux partis. Que le mariage religieux soit non existant pour la loi civile et constitue un fait délictueux pour la loi pénale, c'est une contradiction manifeste (2).

De plus, c'est un principe fondamental que la loi ne crée pas les contrats, mais se borne à les constater, en laissant la formation à la libre volonté des parties. Quant au mariage, la loi française s'écarte de ce principe pour consacrer un système peu juridique.

Voici, en effet, deux catholiques qui, contraints de se conformer à ses exigences, se présentent devant l'officier d'état civil : à ses interrogations, ils répondent *oui*, et le Code décide que dès ce moment il y a mariage. En cela il fait autre chose que de constater leur contrat : il le dénature et lui en substitue un autre, car l'homme et la femme qui comparaissent devant le maire savent, puisqu'ils sont catholiques, qu'ils ne sont pas encore mariés, et ne veulent pas l'être dès ce moment, au mépris des dogmes de religion. Ils disent *oui* parce que la loi pénale les empêche de se marier d'abord à l'église; mais dans leur pensée, ce *oui* ne formule pas la conclusion du mariage dès l'instant même où il est prononcé; il n'exprime que l'intention de se marier peu après devant le prêtre.

(1) Cour de cassation de Belgique, 19 janvier 1852; Dalloz, 1871, V, 259. Ajouter le jugement du tribunal de Tournai, du 16 décembre 1879, contre l'abbé Lefebvre, doyen de Péruwels.

(2) Batbie, *Réponse à M. Duverger, Revue critique de législation et de jurisprudence*, t. XXX, 1867, p. 214.

CHAPITRE III. — **Systèmes des Codes civils étrangers. — Avantages, inconvénients**

SOMMAIRE. — Déterminer, à l'aide des législations étrangères et des jurisconsultes, un système de célébration de mariage plus satisfaisant que celui du Code civil : 1° système italien; 2° système roumain. M. Marcadé; 3° système de l'ancien Code des Deux-Siciles, M. Batbie; 4° système des Pères du concile de Baltimore. Inconvénients de chacun de ces systèmes. Restent le système autrichien, celui de l'Angleterre et de l'Espagne, celui du Portugal, de la Nouvelle Colombie, etc. Leurs avantages. — Des empêchements de mariage et de la juridiction en matière de mariage. Conflits qui peuvent s'élever. Moyens d'y remédier.

Dans le chapitre précédent nous avons exposé et critiqué les dispositions du Code civil en vigueur sur la célébration du mariage; il nous reste maintenant à rechercher, à l'aide des législations étrangères et des jurisconsultes, un système satisfaisant qu'on puisse lui substituer.

1° Un premier système fort simple consiste dans la suppression du 54e des articles organiques et des articles 199 et 200 du Code pénal.

Qu'on abroge ces textes, et les catholiques pourront célébrer le mariage religieux avant le mariage civil : prudemment, l'époux qui a des sentiments chrétiens exigera qu'il soit ainsi procédé; s'il agit autrement et que son conjoint vienne ensuite à se refuser à la célébration religieuse, il ne pourra s'en prendre qu'à luimême de son imprévoyance.

C'est le système du Code italien; il rend faciles les mariages *in extremis*, et permet à tout catholique d'éviter que son conjoint ne se refuse à la célébration religieuse : il fait tomber le reproche adressé au Code français d'être illogique et antijuridique.

Mais on peut tirer contre lui de graves objections des considérations que nous avons indiquées, et qu'on allègue pour expliquer la réforme apportée en 1802 et en 1811 au droit révolutionnaire sur la célébration du mariage.

La simple abrogation des textes visés n'est donc pas une réforme suffisante.

2° Aussi, poussant un peu plus loin la réforme, propose-t-on, tout en maintenant le régime actuel, d'ajouter à la loi un texte d'après lequel le refus de procéder à la célébration du mariage religieux constituerait un cas de nullité du mariage civil. Ce serait la consécration législative du système de Marcadé, dont nous avons parlé. On le trouve dans le droit roumain, où une jurisprudence fondée sur l'article 22 de la Constitution (1) oblige les chrétiens à recevoir la bénédiction nuptiale.

Mais cette solution ne suffirait pas encore à faire cesser le conflit qui s'élève quant à la célébration, car elle laisserait subsister les difficultés actuelles relatives au mariage *in extremis.*

Bien plus, elle présenterait précisément le danger que les dispositions du Code pénal ont pour but d'éviter ; car, une fois la célébration civile accomplie, l'un des époux n'aurait qu'à se refuser au mariage religieux pour abandoner son conjoint, le laissant comme non marié aux yeux de la loi civile.

Enfin ce régime serait aussi anti-juridique que l'état de choses actuel : il continuerait, en effet, à dénaturer le contrat formé par les époux catholiques qui, en répondant *oui* à l'officier d'état civil, n'ont pas l'intention de se marier *hic et nunc.*

3° M. Batbie s'arrête à une troisième étape dans la voie de la réforme. Il propose (2), en abrogeant le 54e des articles organiques et les articles 199 et 200 du Code pénal, de rédiger ainsi les articles 75 et 76 du Code civil :

Art. 75. — *L'officier d'état civil........... demandera aux futurs époux s'ils ont l'intention de célébrer leur mariage suivant les rites de leur religion, et veulent subordonner la perfection de leur mariage à cette célébration. Leur réponse sera mentionnée dans l'acte de mariage.*

Art. 76. — *Si les parties ont déclaré subordonner la perfection du mariage à la célébration religieuse, l'acte de mariage ne sera parfait que par la mention de cette célébration en marge du registre.*

On peut rapprocher du système de M. Batbie celui que consacraient les articles 77, 78, et 199 de l'ancien Code des Deux-Siciles (3).

Cette réforme donne de sérieuses garanties aux consciences catholiques ; mais elle a ses inconvénients qu'il ne faut pas dissimuler.

Elle donne au mariage civil l'apparence d'un acte conditionnel (4) ; il semble que son accomplissement soit subordonné à la condition que la mention du mariage religieux sera inscrite en

(1) Glasson, *Le mariage religieux et le mariage civil, Revue de législation ancienne et moderne, française et étrangère,* t. V, 1875, p. 426.

(2) *Révision du Code Napoléon, Revue critique de législation et de jurisprudence,* t. XXX, 1867, p. 57.

(3) Sauzet, *Le mariage civil et le mariage religieux,* édition de 1872, p. 46, note 1.

(4) Huc, *Sur la célébration des mariages, Revue critique de législation et de jurisprudence,* t. XXX, 1867, p. 349.

marge de l'acte civil. Mais, à bien examiner les choses, ce n'est là qu'une apparence ; il ne s'agit que d'une solennité de plus (1), car il n'y a mariage civil que le jour où est faite sur le registre d'état civil la mention de la célébration religieuse.

Les époux sont ainsi obligés de déclarer publiquement leurs croyances religieuses, et il va rester à jamais sur les registres de l'état civil la preuve que telles ou telles personnes n'ont aucune religion. Cela peut être regrettable, mais, si la loi civile reconnaît ou seulement tolère d'autres cultes que la religion catholique, cette publicité des croyances de chacun est inévitable. et ce n'est pas leur mention sur les registres d'état civil qui aggravera beaucoup les inconvénients de cet état de choses.

Ce système se retrouve à peu près dans la législation roumaine.

On ajoute : si l'un des époux, après avoir au moment de son mariage consenti à ne contracter qu'une union civile, revient plus tard à des sentiments chrétiens, il n'a aucun moyen de contraindre son conjoint à faire célébrer leur mariage par l'Eglise. Nous le reconnaissons, mais n'est-ce point ce qui arrive toutes les fois que deux personnes qui ont vécu en concubinage, une seule demande ensuite à réparer leur faute commune ? Voilà assurément une situation pénible, mais ce n'est pas une loi sur le mariage qui y pourra jamais rien changer.

Toutefois on peut adresser au système de M. Batbie un reproche plus sérieux. C'est la complication de ces trois formalités successives qui lui ont fait donner le nom de mariage en 3 actes ; ces formalités sont séparées nécessairement par un certain temps, aussi toutes les difficultés que l'on veut éviter renaîtront-elles si l'un des deux conjoints s'arrête après la première ou après la seconde, sans procéder à la troisième.

4° Faut-il rapporter ici un quatrième système aussi simple que le premier, et qui résoudrait toutes les difficultés relatives à la célèbration ?

Jusqu'au XVIe siècle, le mariage célébré sans prêtre était parfaitement valable aux yeux de l'Eglise ; si le concile de Trente réforma cet état de choses, ce fut sous la pression de la France et malgré le refus des deux légats et de plus de cinquante Pères (2). Pourquoi ne pas revenir au système qui fut durant seize siècles celui de l'Eglise et dont l'abandon souleva tant de résistances ?

(1) BATBIE, *Observation*, même volume, p. 362.

(2) BEAUCHET, *Les formes de la célébration du mariage de l'ancien droit français, Nouvelle revue historique de droit français et étranger*, t. VI, 1882, p. 632.

Cela une fois admis, la solution du problème sera aussi facile qu'elle l'est dans les pays étrangers où les décrets du concile de Trente n'ont pas été promulgués : le mariage contracté devant l'officier de l'état civil est valable aux yeux de l'Eglise ; plus de ce qu'on appelle aujourd'hui mariage religieux, et dès lors plus de crainte qu'un des époux ne refuse de se conformer à la loi religieuse. Dans ce cas, il y aurait de sa part faute grave, puisque s'abstenir de la bénédiction religieuse a toujours été illicite, mais il n'y aurait pas absence de mariage, nullité de mariage. En outre, il n'y aurait plus lieu de reprocher à la loi d'être illogique ou antijuridique.

Cette proposition se heurte à un obstacle des plus graves :

Les Pères du concile de Baltimore de 1867 (1) ont proposé pour les Etats de l'Union ce retour au régime antérieur au concile de Trente, et le Saint-Siège s'y est refusé. C'est qu'en effet, y consentir, eût été consacrer la sécularisation du mariage. L'état des mœurs est-il donc tel aujourd'hui que l'Eglise puisse compter que les catholiques se souviendront d'eux-mêmes du caractère religieux du mariage si ses ministres n'y interviennent plus !

Il faut donc partir comme principe du mariage religieux tel qu'il est aujourd'hui réglé par le concile de Trente. Si l'on prend ce point de départ, on peut choisir entre trois systèmes également bons, car ils ne soulèvent aucune des objections dirigées contre la loi actuelle ;

Ou le prêtre deviendra l'officier d'état civil quant au mariage ;

Ou l'officier civil assistera au mariage religieux ;

Ou l'Eglise et la loi civile ordonneront au prêtre et aux parties de lui en faire notification.

1° Le clergé peut être chargé de tenir les registres du mariage, et les intéressés feraient devant les tribunaux civils la preuve du mariage à l'aide des registres du clergé. C'est le système de l'ancien droit français (2) ainsi que de l'Equateur, du Pérou et de la Bolivie ; il est actuellement adopté par l'Autriche, c'est-à-dire par le pays qui, le premier, à la fin du XVIIIe siècle, avait sécularisé le mariage (3). D'après le Code autrichien du 13 juin 1811 (4), remis

(1) P. DANIEL, *Le mariage chrétien et le Code Napoléon*, p. 225.

(2) P. VIOLLET, *Précis de l'histoire du Droit français*, p. 362.

(3) En Suède, en Norvège et en Danemark, en Turquie et en Russie le mariage est célébré par les ministres des cultes reconnus qui sont en même temps officiers d'état civil. LAWRENCE, *Etude de législation comparée et de droit international sur le mariage*, *Revue de droit international et de législation comparée*, t. II, 1870, p. 89 et 286.

(4) Article 79. LAWRENCE, *loc. cit.*

en vigueur en matière matrimoniale en 1868, le curé, le pasteur et le rabbin tiennent les registres des mariages de leurs fidèles (1), toutefois le droit autrichien actuel diffère de l'ancien droit français en ce que, si le ministre du culte, alléguant un empêchement de droit ecclésiastique, refuse de procéder au mariage, la loi du 25 mai 1868 (2) permet aux parties de contracter un mariage civil; et la loi du 9 avril 1870 (3) institue le mariage civil (4) pour les sujets de l'Empire qui n'appartiennent à aucun des cultes reconnus par la loi (5). De même nous admettrions volontiers qu'en France, le régime de la loi de 1792 fût conservé pour les non catholiques, ou du moins pour ceux qui prétendent ne professer aucun des cultes reconnus par l'Etat.

Toutefois ce retour à l'ancien régime français n'est pas souhaitable aux yeux même de quelques publicistes catholiques. « Reviendra-t-on au régime d'avant 89? Dans l'état actuel de l'opinion, cela n'est guère probable; je me hâte d'ajouter que cela n'est pas à désirer. Trop de causes de conflit existaient entre les deux juridictions rivales (6). » Ainsi s'exprime le P. Daniel, et ailleurs : « J'attacherai peu de prix à cette restauration de *surface* qui accroîtrait la charge des pasteurs sans grand profit pour les fidèles. »

2° Si l'on répugne à revenir partiellement sur la sécularisation de l'état civil, nous n'avons aucune objection à faire à l'introduction en France du système d'après lequel l'officier de l'État, continuant à tenir les registres de l'état civil, assisterait au mariage religieux des catholiques.

C'est ce que fait le *registrar* anglais (7) sur la demande des époux, lorsqu'ils n'appartiennent pas à la religion anglicane (8).

(1) Lors de la discussion du Code italien on repoussa un contre-projet de MM. Andreucci et Giorgini qui consacrait le même régime. Huc, *Le Code civil italien et le Code Napoléon*, t. I, p. 89.

(2) Rittner, *Oesterreichisches Eherecht*, Leipzig, 1876, § 30, p. 219.

(3) *Eod. loc.*

(4) Les partisans du mariage civil font remarquer qu'ainsi organisé le mariage civil n'est en Autriche qu'un pis-aller. Geyer, *de la législation de l'Autriche depuis la dernière transformation constitutionnelle en* 1867 *jusqu'à la fin de* 1868. *Revue de droit international et de législation comparée*, t. I, 1867, p. 387.

(5) Voir les délibérations ultérieures du Reichsrath autrichien à ce sujet, Lyon-Caen, *Chronique législative*, *Bulletin de la société de législation comparée*, t. V, 1875-76, p. 227, et t. VI, 1876-77, p. 210.

(6) Le P. Daniel, *loc. cit.*, p. 88.

(7) Glasson, *Le mariage religieux et le mariage civil. Revue de législation ancienne et moderne, française et étrangère*, 1875, t. V, p. 420.

(8) En Russie, l'article 686 du Code civil reconnaît comme légitime le mariage célébré par un ministre d'une religion tolérée, et un avis du conseil

Le nouveau Code civil espagnol, mis en vigueur le 1er mai 1889 (1), reconnaît aussi comme produisant les effets civils, le mariage religieux célébré en présence d'un officier de l'Etat.

Art. 75. — *Les conditions, formes et solennités pour la célébration du mariage canonique sont réglées par les dispositions de l'Église catholique et du Saint Concile de Trente admises comme lois du Royaume.*

Art. 77. — *Le juge municipal ou un autre fonctionnaire de l'État assistera à l'acte de la célébration du mariage canonique dans le seul but de procéder à l'inscription immédiate sur les registres de l'état civil. A cette fin les contractants sont tenus de porter par écrit à la connaissance du juge municipal compétent, en le prévenant vingt-quatre heures d'avance au moins des jour, heure et endroit, où doit être célébré le mariage. Le juge municipal donnera un reçu constatant que les contractants ont rempli cette formalité. Il ne sera pas procédé à la célébration du mariage sans la présentation de ce reçu au curé.*

Tel est aussi le système adopté par le Concordat entre le Saint-Siège et la Colombie :

Art. 17. — *Le mariage célébré par tous ceux qui professent la religion ne produira ses effets civils par rapport aux personnes et aux biens des conjoints et de leurs descendants que lorsqu'il se fera en conformité avec les dispositions du concile de Trente. A l'acte de la célébration sera présent le fonctionnaire déterminé par la loi avec la seule mission de constater l'inscription du mariage dans le registre civil, à moins qu'il ne s'agisse du mariage* in articulo mortis, *auquel cas on pourra se dispenser de cette formalité, si elle n'était pas facile à remplir, et la remplacer par des preuves supplétoires. Il reste à la charge des conjoints de faire les démarches relatives à l'intervention du fonctionnaire pour l'inscription au registre, l'action du curé se bornant à leur rappeler en temps opportun l'obligation que la loi civile leur impose.*

3° Peut-être éprouverait-on quelque difficulté à faire adopter une loi qui obligerait l'officier d'état civil à venir à l'église pour assister au mariage religieux et le constater authentiquement.

de l'Empire du 9 avril 1874 organise le mariage civil pour les non orthodoxes. Glasson, *eod. loc.*, p. 437. — Cf. Jay, *Législation russe, le mariage, Revue historique de droit français et étranger*, 1856, t. II, p. 627. — Il en est de même en Serbie.

(1) Daguin, *Bulletin de la Société de législation comparée*, avril 1889, p. 479.

Aussi proposons-nous subsidiairement le système que nous formulons en ces termes : le prêtre qui aura célébré un mariage sera tenu sous une sanction pénale d'en donner notification par écrit à l'officier d'état civil dans le délai de vingt-quatre heures; celui-ci l'inscrira sur ses registres, et cet enregistrement fera produire au mariage tous les effets que lui attribue la loi civile. Le régime actuel resterait en vigueur pour ceux qui ne voudraient pas bénéficier de la réforme introduite en faveur des catholiques. Enfin les articles 199 et 200 du Code pénal et le 54e des articles organiques seraient abrogés.

Il est hors de doute que l'Eglise consentirait à prescrire aux prêtres de faire à l'autorité civile la notification des mariages, et corroborerait ainsi l'obligation que la loi leur impose dans ce projet de modification législative. D'ailleurs la même obligation pourrait être imposée aux parties elles-mêmes.

Grâce à cette réforme, le mariage religieux sera célébré librement, et l'on n'aura plus rien à désirer à cet égard au point de vue de la liberté des consciences. D'autre part, il ne sera pas possible que, après la célébration par le prêtre, le mariage reste caché à l'autorité civile, et que des époux se trouvent liés aux yeux de l'Eglise sans que leur union jouisse de la sanction de l'Etat; car la notification à l'officier d'état civil sera obligatoire. Personne enfin, quelle que soit sa religion, fût-ce même un athée, ne pourra se plaindre de la réforme, puisque, nous le supposons, chacun restera libre de contracter mariage dans la condition du régime de 1792, devant le ministre du culte ou même sans lui.

On trouve dans les pays étrangers une législation qui se rapproche de la réforme que nous proposons. D'après l'article 1069 du Code portugais de 1868, le mariage religieux, quand il est notifié à l'officier de l'état civil, produit seul les effets civils en ce qui concerne les catholiques (1); pour les non catholiques, les articles 1057 et 1072 du même Code organisent le mariage civil. C'était le système suivi à Modène (2), sous l'empire de la loi du 7 novembre 1855. En Espagne antérieurement au Code de 1889, le décret du 9 février 1875 (3), en vigueur jusqu'au 1er mai 1889, avait abrogé la loi du 18 juin 1870 (4) qui avait consacré le système italien; il décida également qu'il n'y a pour les catho-

(1) Midosi, *Notice sur les travaux législatifs du Parlement portugais, Annuaire de législation étrangère*, t. V, 1876, p. 612.

(2) Antoine de Saint-Joseph, *Concordance entre les Codes civils étrangers et le Code Napoléon*, t. I, p. 17.

(3) *Annuaire de législation étrangère*, t. V, 1876, p. 608.

(4) *Eod. loc.*, t. I, 1872, p. 327.

liques qu'un seul mariage, le mariage religieux (1); il enjoignait aux époux, sous peine d'amende, de faire inscrire dans le délai de huit jours le certificat du curé sur les registres de l'état civil, et invitait les évêques à prescrire aux curés de faire une semblable notification. En Amérique, dans les Etats-Unis du Nord, les parties font enregistrer par le fonctionnaire spécial de l'État leur mariage religieux. De même en Grèce l'acte d'état civil du mariage n'est que la constatation de la célébration religieuse (2).

Enfin, dans les colonies françaises de l'Inde, le régime, dont nous demandons l'introduction en France, a été adopté en vue de respecter les sentiments religieux des indigènes, par un décret du 24 avril 1880 (3), ainsi conçu :

Art. 3. — *Les natifs appartenant au culte brahmanique ou musulman pourront ou bien contracter mariage devant l'officier de l'état civil ou bien continuer à faire célébrer leur mariage conformément aux us et coutumes.*

Art. 4. — *Le brahme, le mandarin ou le cazi qui célébrera un mariage sera tenu d'en donner avis par écrit dans les vingt-quatre heures à l'officier de l'état civil de la localité.*

Réclamer pour les Français catholiques une liberté que la loi française accorde aux indigènes musulmans ou brahmaniques, ce n'est pas faire preuve d'une bien grande exigence.

Toutefois le système en question soulève des objections auxquelles il nous faut répondre :

Il est bien vrai que, dans les vingt-quatre heures qui peuvent séparer la célébration de la notification, les époux seront mariés aux yeux de l'Eglise sans l'être devant la loi civile.

Aussi serait-il préférable, d'après les deux premiers systèmes, que le prêtre redevînt l'officier de l'état civil quant au mariage, ou que l'officier du pouvoir civil assistât au mariage religieux; pas de *tractus temporis* ainsi entre la célébration du mariage religieux et son enregistrement, comme le demandent les jurisconsultes. Mais, si l'on ne consent pas à adopter l'un de ces deux premiers systèmes, nous revenons au troisième, ne voyant pas d'inconvénient pratique à la situation qu'il crée aux époux, situation qui n'est peut-être pas satisfaisante en théorie, mais qui a du moins l'avantage de ne pas se prolonger au delà d'un délai très bref de vingt-quatre heures.

(1) V. le système adopté depuis 1889 par le Code espagnol, *la Science catholique*, 8 juillet 1892, p. 707.

(2) Calligas, *Notice sur le projet de Code civil grec*, *Bulletin de la société de législation comparée*, t. V, 1875-76, p. 539.

(3) *Journal officiel*, du 30 avril 1880, p. 4642.

On pourrait encore adresser à notre système les reproches formulés contre celui de M. Batbie. Il exige comme lui la publicité des croyances religieuses de chacun, et, si un époux qui a renoncé jadis à se marier religieusement, s'en repent aujourd'hui, il ne lui permet pas de forcer son conjoint à réparer leur faute commune en se mariant devant le prêtre. Mais nous avons déjà, en examinant le système de M. Batbie, répondu à cette double objection.

Enfin on dira peut-être que, comme le système de M. Batbie, la réforme proposée laisse place aux plus graves difficultés si, la célébration ayant eu lieu, la notification vient à être omise. Mais ici l'objection est sans fondement : ce ne sont pas, en effet, les époux seulement qui devront faire enregistrer leur mariage par l'officier civil : s'il en était ainsi, on courrait risque, en cas de négligence de leur part, de voir se reproduire les inconvénients du système italien; avec notre solution il n'y a rien de semblable à craindre, puisque le prêtre est chargé de faire la notification à l'officier d'état civil. Aussi le seul cas où un mariage pourrait rester caché à l'autorité civile, est-il celui où le prêtre omettrait de faire la notification; notre système ne laisserait donc place aux dangers de séduction signalés à propos du système italien que si le prêtre se faisait complice du séducteur. Or ce n'est point de la possibilité d'une prévarication que l'on peut tirer argument contre la loi, et la complicité du prêtre avec le séducteur, au mépris des ordonnances de l'Eglise et des dispositions de la loi pénale, n'est pas plus à craindre que ne peut l'être aujourd'hui celle de l'officier de l'état civil.

Ces trois systèmes réalisent donc ce vœu des jurisconsultes que les deux mariages aient lieu *uno tractu temporis :* c'est la concomitance du mariage religieux et du mariage civil. Il n'y a qu'un seul consentement échangé par les époux à l'église, ce consentement n'est pas renouvelé, et c'est ce même consentement qui, transcrit sur les registres de l'état civil, soit à la sacristie, soit à la mairie, constitue le véritable mariage, de telle sorte que, si l'un des époux venait à mourir de suite après le mariage religieux, il suffirait à l'autre époux de faire transcrire le mariage religieux sur les registres de l'état civil, pour que les deux époux fussent considérés comme mariés au civil avec toutes les conséquences de droit, la donation de survie par exemple.

Mais, ajoute-t-on, dans ces trois systèmes, le divorce est impossible, puisqu'il n'y a qu'un mariage, le mariage religieux, et que l'Eglise n'admet pas la rupture du lien religieux par le divorce. Dès lors il faut y voir des systèmes impraticables pour la France.

Cette objection n'est pas aussi grave qu'on le croirait d'abord. Sans doute, nous pourrions répondre que le divorce civil, étant incompatible avec la loi canonique, nous n'avons pas à nous en préoccuper pour nous rallier à tel ou tel système. Mais en tenant compte du divorce civil, tant qu'il est en vigueur, nous ferons remarquer que la même objection peut se faire au nom des empêchements dirimants de mariage qui existent en droit civil, et que ne reconnaîtrait point le droit canon; ainsi le défaut de consentement des ascendants, ou encore le manque d'âge requis par le Code civil, c'est-à-dire 15 ans pour les filles, et 18 ans pour les garçons. Supposons, par exemple, que *Titius* et *Titia* ont contracté mariage avec un acte faux du consentement (nécessaire dans notre hypothèse) des ascendants. Le mariage religieux a été transcrit sur les registres de l'état civil. Que se produira-t-il? Le lien religieux existera après la découverte de la fraude. Les effets civils seront-ils produits? Non, et devant les tribunaux, *Titius* et *Titia* ne seront pas considérés comme mariés civilement, et leurs enfants n'auront pas les droits qui compètent aux légitimes. Il y aura conflit entre les deux législations, entre la conscience de chaque époux et la loi. Pas de lien civil, mais le seul lien religieux. Une position analogue se présente dans le cas de divorce civil; le lien religieux continue d'exister entre les époux divorcés, mais le lien civil a été brisé et n'existe plus. Ce ne serait donc pas là une objection suffisante pour repousser le système de la concomitance du mariage religieux et du mariage civil. Nous y verrions sans doute là une difficulté, mais qui serait largement compensée par les avantages du système.

CHAPITRE IV. — **Empêchements de mariage**

Sommaire. — Divergences entre le droit civil et le droit canonique. Difficultés qui en résultent. Systèmes de M. Batbie, du P. Daniel pour y remédier. Des non-catholiques.

Des difficultés analogues à celles que nous venons d'examiner relativement à la célébration se produisent à propos des empêchements dirimants qui ne sont pas les mêmes d'après le droit civil et le droit canonique.

A. — Il peut arriver, grâce à cette divergence entre les deux législations sur les empêchements qui entraînent la nullité du mariage une fois célébré, que deux personnes soient valablement mariées aux yeux de l'Eglise et libres d'après le Code civil, ou inversement. Cela résulte de ce que certains empêchements dirimants de droit canonique ne sont pas admis par le Code civil, et d'autres de droit civil ne sont pas des causes de nullité de mariage religieux.

Nous ne parlerons pas de l'empêchement de condition *(conditio servilis ignorata)*, puisqu'il n'y a plus d'esclave, ni en France, ni dans les colonies françaises. Mais l'empêchement de rapt n'est pas réglé par le Code civil comme par l'Eglise ; il ne s'oppose pas au mariage du ravisseur avec la jeune fille enlevée, du moment que sont remplies les conditions exigées de droit commun, par exemple, si la jeune fille, *durante raptu,* a donné un libre consentement.

Relativement à l'âge requis, il y a également désaccord, puisque le droit canonique le fixe à douze ans pour les filles et à quatorze ans pour les hommes, tandis que le Code civil exige quinze et dix-huit ans.

Il en est de même pour l'impuissance (1). Le Code n'en parle pas ; il est certain que si l'impuissance est connue de l'autre partie, il n'y a pas nullité du mariage ; si elle lui est inconnue, on peut soutenir, comme dans le Code italien, que le mariage est nul pour erreur sur une qualité constitutive de la personne, mais ce point est controversé ; il en est de même du cas où il y aurait absence complète de sexe. En droit canonique, au contraire, le mariage est nul s'il y a impuissance perpétuelle et antérieure à la célébration, peu importe qu'elle soit absolue ou relative, connue ou ignorée du co-contractant au moment du mariage.

Si l'art. 147 du Code civil admet, comme le droit canonique, l'empêchement résultant d'un mariage antérieur, il ne s'agit, dans ce texte, que du mariage civil : il y a donc là encore une divergence.

Quant aux ordres sacrés, longtemps, dans le silence du Code, la jurisprudence française (2) y a vu, d'accord avec le droit canonique, un empêchement dirimant au mariage ; mais un arrêt de la Cour de cassation du 25 janvier 1888 (3), rompant avec la jurisprudence antérieure, a consacré l'opinion contraire. De plus, jamais la jurisprudence n'a admis que les vœux solennels de religion pussent faire obstacle au mariage, car la loi civile ne les reconnaît pas.

De même la disparité complète du culte est un empêchement canonique : le mariage entre une personne baptisée et une autre qui ne l'est pas est nul aux yeux de l'Eglise et valable d'après le Code.

(1) Aubry et Rau, *Cours de Droit civil,* 4e édition, t. V, p. 100.
(2) *Cassation,* 27 février 1878. Dalloz, 1878, I, 113.
(3) Dalloz, 88, I, 97,

******

Il en est encore ainsi de l'empêchement canonique d'honnêteté publique qui dérive des fiançailles, puisque la loi française n'en tient aucun compte.

Ne distinguant pas, comme l'Eglise, le mariage célébré et non consommé de celui qui a été consommé, le Code est ainsi en désaccord avec elle, au sujet de la situation légale qu'elle crée aux époux en pareille hypothèse. Il faut noter encore que le Code ne s'occupe pas de la célébration du mariage religieux par le propre curé, ce qui est une condition de validité pour l'Eglise. Enfin, la loi civile ne tient pas compte des empêchements de parenté spirituelle créés par le baptême et la confirmation.

Parmi les empêchements nés de la parenté du sang, il en est sur lesquels les deux législations sont d'accord ; toutes deux annulent le mariage contracté entre parents en ligne directe, frère et sœur, oncle et grand-oncle, nièce ou petite-nièce, tante et grand'tante et neveu ou petit-neveu. Mais le Code civil s'arrête là ; encore y a-t-il controverse pour le grand-oncle et la grand'-tante, tandis que l'empêchement canonique va jusqu'au quatrième degré, qui correspond au huitième de la computation civile.

S'agit-il de la parenté adoptive, les jurisconsultes, après avoir enseigné qu'elle créait un empêchement dirimant de droit civil, décident aujourd'hui qu'il n'y a là qu'un empêchement prohibitif ; parmi les canonistes, il y a controverse sur l'existence même de l'empêchement, d'où la plupart concluent qu'en pratique il ne faut pas en tenir compte (1).

L'alliance est un empêchement canonique dans la même mesure que la parenté ; mais le Code civil n'interdit le mariage pour cause d'alliance qu'en ligne directe et entre belle-sœur et beau-frère.

Il laisse douteux (2) le point de savoir si d'un commerce illicite naît un empêchement d'affinité, tandis que l'Eglise admet cet empêchement jusqu'au deuxième degré.

Enfin, d'après le droit canonique, un époux adultère, après avoir mis à mort son conjoint d'accord avec son complice, et dans l'intention de l'épouser, ne peut pas contracter avec ce complice un mariage valable, et le même empêchement existe sous certaines conditions quand il y a eu soit simplement adultère, soit simplement homicide. Il y a quelque chose de semblable en

(1) Le *Journal de droit canon et de jurisprudence canonique*, 1891, p. 347.

(2) Aubry et Rau, *op. cit.*, t. V, p. 58. Voir toutefois la distinction que nous avons proposée à ce sujet dans le *Journal de droit canon et de jurisprudence canonique*, 1891, p. 591.

droit civil, car si le divorce est prononcé pour cause d'adultère, l'époux coupable ne peut pas épouser son complice, mais ce n'est là qu'une partie de l'empêchement canonique ; de plus, il est subordonné à la condition que le divorce soit prononcé ; enfin, il n'est que prohibitif (1).

Voilà les empêchements canoniques que ne reconnaît pas le Code civil. Inversement, il en est un que crée la loi française et que n'admet pas le droit canonique ; elle exige, à peine de nullité, le consentement des parents jusqu'à vingt-cinq ans pour les hommes et vingt-un ans pour les femmes; or, le Concile de Trente s'est absolument refusé à faire de cette règle une loi de l'Eglise. Récemment, le tribunal de la Seine (2) a annulé un mariage pour défaut de consentement des parents ; le droit canonique n'annule pas le mariage pour ce motif; dans l'espèce, la nullité fut cependant prononcée par la Cour de Rome (3), mais pour un motif tout différent, l'absence de consentement suffisant chez l'un des époux.

Sans parler du divorce, grâce auquel des époux sont libres de contracter un nouveau mariage civil, tandis que l'Eglise continue à les regarder comme unis et voit un adultère dans le nouveau mariage, il faut encore observer que l'Eglise consent, lorsqu'un mariage a été célébré, mais non consommé, à rompre le lien par une dispense s'il y a des raisons graves; la loi civile, au contraire, ne permet pas toujours d'annuler le mariage en pareil cas.

Ainsi la liste des empêchements dirimants n'étant pas la même en droit canonique et en droit civil, il est facile de constater les graves inconvénients de cette divergence entre les deux législations. Un mariage a été célébré devant le prêtre et devant l'officier de l'état civil, mais on fait annuler le mariage civil à raison d'un empêchement édicté par le Code, l'absence du consentement des parents, par exemple, tandis que l'Eglise, ne reconnaissant pas cet empêchement, continue à regarder les époux comme liés et incapables de contracter un nouveau mariage. Ou bien le mariage est annulé par l'Eglise à raison d'un empêchement non reconnu par le Code civil, tel que la disparité complète de culte, et voilà des époux dont l'un pourra, après l'annulation canonique, forcer l'autre, avec la sanction de la loi civile, à une cohabitation que l'Eglise considère comme un concubinage.

Alors même qu'il s'agit d'empêchements admis à la fois par

(1) Le *Journal de droit canon et de jurisprudence canonique*, 1892, p. 252.

(2) 7 juillet 1881, *La Loi* du 8; affaire *Musurus d'Imécourt*.

(3) *Journal de droit canon*, 1883, p. 36 et 1884, p. 81.

le droit canonique et la loi civile, la même difficulté peut encore se présenter.

En effet, l'Eglise donne parfois dispense de certains empêchements dirimants canoniques qui ne sont pas de droit divin ou de droit naturel, sutout de l'empêchement de parenté à un degré éloigné ; et d'après l'article 164 du Code civil modifié par la loi du 16 avril 1832 le chef de l'Etat peut lever l'empêchement au mariage entre oncle et nièce, tante et neveu, beau-frère et belle-sœur. De ce pouvoir de dispenser exercé par l'Eglise et par l'Etat peut résulter un conflit entre les deux législations. Il suffit pour cela que, deux personnes tombant sous l'application d'un empêchement commun aux deux législations, l'un des deux pouvoirs leur en donne dispense tandis que l'autre s'y refuse. C'est, par exemple, un beau-frère et une belle-sœur ; il y a à leur mariage empêchement canonique et empêchement civil ; le chef de l'Etat accorde une dispense, mais l'Eglise la refuse, ou inversement. Dans ces conditions la situation va devenir la même que dans l'hypothèse d'un désaccord entre les deux législations au sujet de l'existence d'un empêchemeut dirimant.

Une difficulté analogue s'élève dans l'état actuel de la législation en ce qui concerne les empêchements prohibitifs. La loi civile, en effet, ne reconnait pas les empêchements prohibitifs du droit canonique.

Elle ne tient aucun compte de la défense de célébrer le mariage que peut formuler l'autorité ecclésiastique, ni du temps clos, ni des fiançailles, ni du vœu simple, ni des bans, ni de la disparité imparfaite de culte, ni de la clandestinité dans les régions où le Concile de Trente n'a pas été promulgué.

Quant au consentement des parents qui en droit canonique est un empêchement simplement prohibitif, elle en fait, nous l'avons dit, un empêchement dirimant jusqu'à vingt-cinq ans pour les hommes et vingt-et-un ans pour les femmes.

Les empêchements prohibitifs de la loi civile relatifs au mariage des militaires, aux publications, aux oppositions, au délai de viduité, au consentement des parents, au délai de l'âge déterminé, aux époux divorcés, ne sont pas des empêchements de droit canonique.

Par voie indirecte le Code impose au clergé l'observation de ses empêchements prohibitifs ; il défend, en effet, au curé de célébrer le mariage religieux avant le mariage civil, il s'oppose donc à ce qu'il célèbre le mariage religieux si, à raison d'un empêchement prohibitif purement civil, défense est faite à l'officier de l'état civil de célébrer le mariage civil.

Au contraire, lorsqu'il y a empêchement prohibitif canonique, la loi ne s'oppose pas à la célébration du mariage civil. Il peut donc se trouver deux personnes qui, après la célébration de leur mariage devant l'officier de l'état civil, seraient dans l'impossibilité de contracter un mariage religieux, parce que le curé, à raison de l'empêchement prohibitif, doit s'y refuser.

Les inconvénients de cette situation peuvent en pratique disparaître quant aux empêchements prohibitifs dont l'Eglise accordera assez facilement dispense. Mais il est évident que ce n'est pas là une solution normale de la difficulté.

Quoi qu'il en soit des empêchements prohibitifs, le conflit entre la législation de l'Eglise et celle de l'Etat est des plus graves, au moins en matière d'empêchements dirimants.

B. — Nous avons exposé la difficulté ; comment la résoudre ?

A cet effet, M. Batbie (1) propose un système qui consiste à ajouter à son nouvel article 76 du Code civil le paragraphe que voici :

« *Cette mention, faite sur la réquisition des parties, emportera renonciation à toute nullité fondée sur les usages et règlements en matière de célébration religieuse.* »

Il faut avouer que cette solution est insuffisante. En effet, en quoi consiste-t-elle, sinon en une renonciation que ferait un catholique à toute nullité fondée sur le droit canonique ? Mais on serait mal venu à prétendre devant un tribunal civil qu'un mariage ne peut pas être annulé sous prétexte que l'époux a par avance renoncé à se prévaloir d'un empêchement dirimant qui viendrait à être découvert plus tard; au for ecclésiastique il en est de même. La loi de l'Eglise est impérative : on ne renonce pas à se prévaloir d'un empêchement comme on renonce à une faveur; renoncer à toute nullité canonique, c'est se regarder comme validement marié, quoiqu'on sache qu'on ne l'est pas aux yeux de l'Eglise ; c'est donc se révolter contre ses lois. Aussi malgré l'autorité de M. Batbie, ne pouvons-nous pas penser à admettre le procédé proposé pour donner satisfaction aux consciences catholiques.

Il n'y a qu'un moyen d'éviter les contradictions entre la loi ecclésiastique et la loi civile en matière d'empêchements, c'est de faire du droit canonique la loi de l'Etat. Cette réforme législative se lie à celle que nous avons demandée en ce qui touche la célébration : il ne doit pas, avons-nous dit, y avoir d'autre mariage que le mariage religieux célébré devant le prêtre ; or un tel ma-

(1) *Réponse à* M. Duverger, *Revue critique de législation et de jurisprudence,* t. XXX, 57.

****

riage n'est possible que si on trouve réunies les conditions requises par l'Eglise, c'est-à-dire si l'on observe le droit canonique sur les empêchements.

Ce serait là d'ailleurs un bienfait incontestable même dans l'ordre des intérêts civils. Car l'Eglise n'a multiplié les mesures préventives de sa législation matrimoniale que dans l'intérêt de ceux qui s'épousent, de la famille et de la société. Aux empêchements qui s'imposent par la force du droit naturel, elle a ajouté ceux qu'elle croyait nécessaires pour assurer la paix et la sainteté de l'union conjugale, en même temps que sa liberté et ses fins (1).

Ce serait aussi l'application d'un principe qui s'impose au législateur catholique à savoir que l'Eglise seule a le pouvoir de créer des empêchements dirimants au mariage de ses sujets.

Mais, dira-t-on, il y a des empêchements canoniques qu'il est bien difficile dans l'état actuel des mœurs d'introduire dans la législation civile. On citera l'empêchement de parenté que l'Eglise a étendu jusqu'au quatrième degré de sa computation, ce qui représente le huitième degré de la computation civile.

Ce n'est pas là une objection bien grave. Plusieurs évêques avaient demandé en 1870 au Concile du Vatican dans un *Postulatum* qu'on fît cesser cette divergence entre le droit canonique et la législation civile. Sans préjuger ici la décision que le Saint-Siège prendrait sur ce point, et en particulier pour les prohibitions de mariage entre cousins germains, il est permis de croire que l'Eglise et l'Etat pourraient arriver à une entente satisfaisante.

En sens inverse, il est un empêchement créé par les articles 148 et 150 du Code civil, et dont le Concile de Trente a refusé de faire un empêchement dirimant canonique : c'est celui qui résulterait du refus de consentement des parents. Sur ce point, le R. P. Daniel (2) émet l'idée que peut-être l'Eglise, reprenant la décision acceptée par un Concile de Cologne (3) de 1534, et considérant que la puissance paternelle est aujourd'hui bien affaiblie, consentirait à exiger le consentement des parents pour la validité du mariage religieux. Toutefois la décision contraire du Concile de Trente nous paraît plus sage : le respect filial s'oppose à ce que les enfants se marient sans le consentement des parents, mais la puissance paternelle ne s'étend pas aux choses spirituelles ou de droit naturel. Cependant si l'Etat ne se rend point à ces raisons on voit, grâce à l'idée émise par le R. P. Daniel,

(1) Encyclique *Arcanum*, p. 14 et 16.
(2) *Le mariage chrétien et le Code Napoléon*, p. 217.
(3) *Eod. loco.*

que l'accord n'est pas impossible. Dès les premiers siècles l'Église a canonisé l'empêchement civil de la parenté légale qui naît de l'adoption; rien ne répugne à penser, qu'en présence de circonstances exceptionnelles, l'Église n'agisse de même pour un empêchement de droit civil que l'État tiendrait à maintenir.

On objectera sans doute encore à notre projet de réforme que l'État ne pourra pas consentir à ce que les non-catholiques soient soumis aux empêchements du droit canonique dont nous voulons faire la loi civile.

Ici encore l'accord peut se produire; il faut seulement faire une distinction.

Pour les non-catholiques qui ne sont pas baptisés, la solution dépend du point de savoir si l'Etat peut créer des empêchements dirimants au mariage des infidèles. Nous croyons qu'il le peut (1). Si l'on admet cette opinion, l'État règlera les empêchements au mariage des non-baptisés, de même qu'il organisera, comme nous l'avons dit, la célébration de leur mariage.

Quant aux non-catholiques baptisés, à défaut de convention spéciale dans un Concordat sur ce point, ils sont soumis aux empêchements canoniques, parce qu'ils sont *de foro Ecclesiæ;* leur rébellion et leur séparation ne sauraient avoir pour effet de les en affranchir. Mais rien n'empêcherait que cette difficulté ne fît la matière d'une disposition spéciale. Rome, pour le bien de l'Église, peut accorder, pour les cas où elle dispense le plus facilement, une dérogation générale pour tout un pays. Ce sont là des points à régler dans un Concordat, il nous suffit de constater que l'accord entre l'Eglise et le pouvoir civil ne paraît pas irréalisable.

Nous le rencontrons du moins quant au mariage des catholiques, en Autriche, en Angleterre, en Portugal, en Espagne, au Monténégro et en Colombie; c'est-à-dire dans les pays que nous avons cités comme reconnaissant les effets civils au mariage religieux des catholiques.

Aucun essai n'a encore été fait en France pour mettre l'accord entre le droit canonique et le Code civil sur les nullités du mariage. Il y a bien eu sur les nullités du mariage un projet de réforme émané de MM. Batbie, Allou, Denormandie et Jules Simon. Mais, quelque louable que soit la pensée de ses auteurs, il n'a pas pour objet de mettre fin au conflit qui s'élève entre l'Eglise et la loi civile relativement aux nullités de mariage; on a voulu, sans confondre les nullités de mariage avec les causes de divorce,

(1) Voir *Code civil commenté,* t. I, p, 126.

donner satisfaction à quelques griefs invoqués en faveur du divorce, en étendant un peu les nullités (1). Du reste, la réforme est assez timide, elle ne va pas, de peur des scandales et à raison du danger des vérifications (2), jusqu'à admettre la nullité du mariage pour cause d'impuissance ignorée de l'autre partie. Elle se contente d'admettre la nullité pour erreur sur la personne civile en cas de substitution ou d'usurpation d'état civil, ou sur la personne morale, si une personne épouse, sans le savoir, un individu condamné à une peine afflictive ou infamante. Le projet a été renvoyé à l'examen du Conseil d'Etat (3). Lorsqu'il est revenu en discussion, le Sénat a, comme le demandait le Conseil d'Etat, supprimé tout ce qui se référait aux nullités de mariage; tel qu'il est actuellement, il ne touche plus qu'au régime de la séparation de corps.

CHAPITRE V. — Des juridictions ecclésiastiques pour le mariage

Sommaire. — Attribution aux juges d'Eglise de la compétence en matière de mariage se rencontre chez d'autres peuples catholiques. *Desiderata* des catholiques.

Dans chacune des trois branches du dernier système, auquel nous nous rallions, il ne doit pas y avoir d'autre mariage que le sacrement; le rôle de l'État se borne à une constatation et un enregistrement. Par conséquent les contestations relatives à la validité du mariage sont des procès canoniques qui touchent au sacrement, et rentrent naturellement dans la compétence exclusive des juges d'Eglise. L'État devra donc, pour que notre réforme soit complète et parfaitement logique, reconnaître que les tribunaux ecclésiastiques sont, à l'exclusion des tribunaux civils, compétents pour statuer sur les causes matrimoniales. Si ensuite un tribunal civil est, à propos d'une affaire d'intérêt pécuniaire, d'un contrat pécuniaire de mariage, par exemple, dans la nécessité de poser la question de savoir si un mariage est valable, il surseoira à statuer jusqu'à ce que les parties aient fait résoudre la question par le juge d'Eglise.

En ce qui concerne les non catholiques, les tribunaux civils pourront conserver la même compétence qu'aujourd'hui.

(1) Allou, *Discours, Journal officiel*, Débats parlementaires, Sénat, 1885 (13 juin), p. 676, col. 2.
(2) *Idem*, p. 677, col. 3.
(3) Chantrel, *Annales ecclésiastiques*, vol. 1846-66, p. 194 et p. 248.

On objectera peut-être que le juge suprême des procès canoniques, c'est-à-dire le Souverain Pontife et les Congrégations romaines sont vis-à-vis de la France des autorités étrangères, et que le droit français n'admet pas qu'un jugement étranger puisse avoir, sans l'*exequatur* de la justice française, autorité en France. Mais rien n'empêche de faire exception à ce principe par un traité international; un Concordat pourrait donc donner force de chose jugée en France aux décisions romaines sur les causes matrimoniales.

L'attribution aux juges d'Eglise de la compétence en matière de mariage n'a rien qui puisse tant choquer les idées reçues aujourd'hui, puisque nous voyons ce régime en vigueur chez divers peuples étrangers.

Une loi autrichienne du 8 octobre 1856 reconnaît, en effet, compétence aux tribunaux matrimoniaux ecclésiastiques, tout en sauvegardant la situation des sujets non catholiques. Cette loi, rendue en exécution de l'article 10 du Concordat du 10 août 1855, enlevait aux juges civils la compétence en ce qui touche la validité des mariages des catholiques. Il est vrai que cette législation a été abrogée en 1868. Néanmoins on voit, par l'exemple de l'Autriche de 1856 à 1868, qu'il n'y a rien d'exagéré à dire qu'un accord analogue pourrait se faire un jour entre l'Église et la France sur la question de juridiction comme sur celle des empêchements, bien que les tendances des esprits y soient généralement opposées.

Ainsi encore, à une date récente, un Concordat a été conclu entre le Saint-Siège et la Colombie, il reconnaît la compétence exclusive des autorités ecclésiastiques sur les causes qui touchent au mariage.

Art. 19. — *Seront exclusivement de la compétence de l'autorité ecclésiastique, les causes matrimoniales qui ont rapport au lien de mariage et à la cohabitation des conjoints, ainsi que celles qui regardent la validité des fiançailles. Les effets civils du mariage seront régis par le pouvoir civil.*

Plus près de nous, en Espagne, la législation civile reconnaît la compétence exclusive aux tribunaux ecclésiastiques pour les questions de mariage entre catholiques. Cet exemple prouve, mieux encore que tout autre, qu'à notre époque, pareil régime n'est pas impossible en France.

Art. 80. — *La connaissance des instances sur la nullité et séparation de corps* (divorcés) *des mariages canoniques appartient aux tribunaux ecclésiastiques.*

Art. 81. — *Une fois l'instance en séparation de corps ou en nullité du mariage commencée devant le tribunal ecclésiastique, il appartient au tribunal civil d'ordonner, à la requête de la partie intéressée, les mesures visées par l'article* 68 (garde des enfants, domicile séparé).

Art. 82. — *Le jugement passé en force de chose jugée, prononçant la nullité du mariage ou la séparation de corps sera inscrit sur le registre de l'état civil et sera présenté au tribunal civil pour en requérir l'exécution dans la partie relative aux effets civils du mariage.*

Art. 103. — *Les tribunaux civils connaîtront des demandes en nullités des mariages célébrés conformément aux dispositions du présent chapitre* (mariage civil); *ils ordonneront des mesures indiquées dans l'article* 68, *et jugeront en dernier ressort.*

Nous demandons, en résumé, que, pour le mariage des catholiques, le prêtre redevienne officier de l'état civil, ou qu'un délégué de l'Etat assiste au mariage religieux.

Si cette réforme répugnait à la situation actuelle des esprits, nous demandons que, le mariage religieux étant d'abord célébré, l'Etat se contente de la notification que le prêtre serait tenu de lui faire.

Tout en se mettant par un Concordat d'accord avec l'Eglise sur les modifications à apporter à certains empêchements, l'Etat lui reconnaîtrait le droit exclusif de déterminer les empêchements dirimants aussi bien que les empêchements prohibitifs, et d'en donner dispense.

Il reconnaîtrait aux juges d'Eglise compétence sur les procès en nullité de mariage.

Comme conséquence de cette réforme, il serait admis que pour les catholiques le mariage religieux seul produirait les effets civils du mariage.

Quant aux personnes non baptisées, la législation matrimoniale créée par le droit moderne pourrait rester en vigueur, et un Concordat interviendrait pour régler la situation de ceux des non catholiques, qui ne sont pas cependant des infidèles.

CHAPITRE VI. — **Doctrine de l'Eglise catholique sur le mariage**

SOMMAIRE. — L'Eglise rappelle les législateurs aux grands principes du mariage contenus dans l'Encyclique *Arcanum* du pape Léon XIII. C'est là le *Code chrétien* du mariage, dont les principaux passages donnent réponse aux problèmes les plus ardus qui préoccupent le législateur. — Citation de l'évêque constitutionnel Fauchet et du protestant Deluc. — Principaux enseignements de l'Encyclique *Arcanum*.

Quelle est la cause de cette séparation de l'Eglise et de l'Etat, dont nous avons signalé plus haut les regrettables conflits et les étranges théories? L'erreur capitale et tristement féconde que la philosophie du XVIIIe siècle nous a léguée, c'est de croire que le législateur peut constituer la famille à sa guise, sans tenir compte de son institution divine.

Rousseau et son école faisaient dériver tout droit social et privé d'un contrat arbitraire, sans autre base que la volonté humaine, maîtresse absolue de ses actes. La souveraineté des assemblées pouvaient donc s'exercer en toute liberté sur le mariage comme sur le reste; les anciennes dispositions de nos lois touchant le mariage qui s'inspiraient du droit canonique, pouvaient donc être changées et bouleversées de fond en comble. C'était une ère nouvelle qui avait besoin d'un droit nouveau.

Sans doute la raison laissée à elle seule suffit pour découvrir les premiers linéaments de cette société conjugale, œuvre divine par excellence, mais que devient-elle, quand elle est livrée à elle-même? Quels égarements et quelles obscurités! L'histoire l'a montré dans le passé, et devait nous le montrer encore de nos jours! Pareille doctrine, au début peu redoutable à cause des idées de foi qui régnaient encore dans la société, devait quelques années plus tard, trouver son développement désastreux dans ses conséquences, au milieu d'esprits détachés des antiques croyances des siècles passés.

En présence de ces tentatives trop souvent malheureuses, par lesquelles l'Etat, se séparant de l'Eglise, a essayé à différentes reprises de réglementer à lui seul le mariage, sans prendre souci d'elle, et au grand détriment du bonheur des peuples, il est juste de citer le rôle de la Papauté, qui, fidèle à sa mission, veille toujours, par sa doctrine et son incessante sollicitude, aux intérêts de la société humaine, selon cette belle pensée de Léon XIII : « *Quod ad conjugia refertur, optimam esse humani generis custodem et vindicem Ecclesiam.* »

C'est d'abord Pie VI, en 1794, dans la bulle *Auctorem fidei;*

ce sont ensuite les enseignements si lumineux de Pie VII, de Grégoire XVI et de Pie IX, qui ont brillé comme des phares de salut dans notre société, au milieu de la confusion des idées et du bouleversement des principes; ils ont jeté la lumière sur des points restés obscurs aux XVIIe et XVIIIe siècles. Enfin et surtout, l'admirable Encyclique *Arcanum* de Léon XIII nous a présentés, condensés dans une puissante synthèse, tous les trésors de la tradition de l'Eglise au sujet du mariage. On a pu l'appeler avec raison le *Code chrétien du mariage*. Jamais la matière n'avait été exposée avec tant d'ampleur dans son ensemble et dans ses lignes générales; jamais le côté historique et les déductions pratiques n'en avaient été retracés avec autant d'autorité et d'expérience; jamais la raison et la religion n'avaient fait entendre un plus magnifique langage.

A notre époque comme au moyen-âge, l'Eglise n'a pas failli à sa mission de guider la société dans la justice et la vérité, et d'écarter d'elle tout ce qui pouvait compromettre ses bases essentielles, en dehors desquelles il ne peut y avoir ni stabilité ni prospérité publiques.

Ecoutons d'abord Léon XIII exposer le côté sublime de l'institution du mariage, qui le met tout à fait à part dans la sphère des contrats humains :

« Constat inter omnes, Venerabiles Fratres, quæ vera sit matrimonii origo. — Quamvis enim fidei christianæ vituperatores perpetuam ac de re doctrinam Ecclesiæ fugiant agnoscere, et memoriam omnium gentium, omnium sæculorum, delere jamdiu contendant, vim tamen lucemque veritatis nec extinguere nec debilitare potuerunt. Nota omnibus et nemini dubia commemoramus : posteaquam sexto creationis die formavit Deus hominem de limo terræ, et inspiravit in faciem ejus spiraculum vitæ, sociam illi voluit adjungere, quam de latere viri ipsius dormientis mirabiliter eduxit. Qua in re hoc voluit providentissimus Deus, ut illud par conjugum esset cunctorum hominum naturale principium, ex quo scilicet propagari humanum genus, et, nunquam intermissis procreationibus, conservari in omne tempus oporteret. Atque illa viri et mulieris conjunctio, quo sapientissimis Dei consiliis responderet aptius, vel ex eo tempore duas potissimum, easque in primis nobiles, quasi alte impressas et insculptas præ se tulit proprietates, nimirum unitatem et perpetuitatem. — Idque declaratum aperteque confirmatum ex Evangelio perspicimus divina Jesu Christi auctoritate; qui Judæis et Apostolis testatus est, matrimonium ex ipsa institutione sui dumtaxat inter duos esse debere, scilicet virum

» inter et mulierem; ex duobus unam veluti carnem fieri; et » nuptiale vinculum sic esse Dei voluntate intime vehementerque » nexum, ut a quopiam inter homines dissolvi, aut distrahi ne» queat. *Adhærebit* (homo) *uxori suæ, et erunt duo in carne » una. Itaque jam non sunt duo, sed una caro. Quod ergo » Deus conjunxit, homo non separet.* »

Voilà la grandeur et l'excellence du mariage tel que Dieu l'avait institué, et tel que Jésus-Christ l'avait restauré après toutes les souillures du paganisme. Toutefois les sources de l'erreur n'étaient point taries parmi les hommes, malgré l'influence bienfaisante de l'Eglise, qui continuait l'œuvre du Sauveur et du Restaurateur de toutes choses. De nouvelles erreurs surgirent, et l'on entendit prétendre que le mariage ne devait pas être soumis à la juridiction de l'Eglise; on essaya de lui enlever tout caractère de sainteté, et de le faire entrer dans la catégorie des contrats ordinaires que régit le droit civil. C'est ce que nous explique la même Encyclique :

« Sed, adnitente humani generis hoste, non desunt qui, sicut » cetera redemptionis beneficia ingrate repudiant, sic restitutio» nem perfectionemque matrimonii aut spernunt, aut omnino » non agnoscunt. Flagitium nonnullorum veterum est, inimicos » fuisse nuptiis in aliqua ipsarum parte; sed multo ætate nostra » peccant perniciosius qui earum naturam, perfectam exple» tamque omnibus suis numeris et partibus, malunt funditus per» vertere. Atque hujus rei caussa in eo præcipue sita est, quod » imbuti falsæ philosophiæ opinionibus corruptaque consuetudine » animi plurimorum, nihil tam moleste ferunt, quam subesse et » parere; accerrimeque laborant, ut non modo singuli homines, » sed etiam familiæ atque omnis humana societas imperium Dei » superbe contemnant.

» Cum vero et familiæ et totius humanæ societatis in matri» monio fons et origo consistat, illud ipsum juridictioni Ecclesiæ » subesse nullo modo patiuntur; imo dejicere ab omni sanctitate » contendunt, et in illarum rerum exiguum sane gyrum compel» lere, quæ auctoribus hominibus institutæ sunt, et jure civili » populorum reguntur atque administrantur. Unde sequi necesse » erat, ut principibus reipublicæ jus in connubia omne tribue» rent, nullum Ecclesiæ esse decernerent; quæ si quando potes» tatem ejus generis exercuit, id ipsum esse aut indulgentia » principum, aut injuria factum. Sed jam tempus esse inquiunt, » ut qui rempublicam gerunt, iidem sua jura fortiter vindicent, » atque omnem conjugiorum rationem arbitrio suo moderari » aggrediantur. — Hinc illa nata, quæ *matrimonia civilia* vulgo

» appellantur; hinc scitæ leges de caussis, quæ *conjugiis impe-* » *dimento* sint; hinc *judiciales sententiæ de contractibus con-* » *jugalibus,* jure ne initi fuerint, an vitio. Postremo omnem » facultatem in hoc genere juris constituendi et dicundi videmus » Ecclesiæ catholicæ præreptam tanto studio, ut nulla jam ratio » habeatur nec divinæ potestatis ejus, nec providarum legum, » quibus tamdiu vixere gentes, ad quas urbanitatis lumen cum » christiana sapientia pervenisset. »

On continue d'objecter : l'autorité des gouvernements sur les contrats, sur la justice distributive et commutative, sur les mariages et sur tous les autres actes qui ont rapport aux sacrements, que deviendra-t-elle ?

Ce qu'elle doit être : une autorité exécutrice. « Les lois civiles, » disait à l'Assemblée nationale l'évêque constitutionnel Fauchet, » ne peuvent jamais créer la morale, elles doivent la suivre et » l'enjoindre. Vous avez pour la première de vos lois, qui est la » base de toutes les autres, une religion. Grâce au ciel, cette » religion est la vraie, la seule parfaite. Il faut que toute votre » législation s'y conforme, sinon vous êtes en contradiction avec » vous-mêmes, et votre gouvernement reste dans le chaos où il » a toujours été, par le défaut de concordance entre les lois de » Dieu et les lois des hommes. Il faut donc laisser là tous les » barbouillages que certains théologiens et jurisconsultes de » France et d'Allemagne ont écrits sur le mariage, par exemple, » comme sacrement et dans ses rapports moraux. Il n'appartient » qu'à l'Eglise de décider cette doctrine. Ce qu'elle en a fixé au » Concile de Trente est au-dessus de toute atteinte des trônes, » et lie souverainement les consciences.

» Il y a un sacrement où l'Eglise dit qu'il y a un sacrement ; » il y a de bonnes mœurs où l'Eglise catholique dit qu'il y a de » bonnes mœurs. Toutes les puissances temporelles ensemble ne » pouvaient pas changer un *iota* à la vérité de ces principe (1). »

Un philosophe chrétien, non catholique toutefois, Deluc, émettait ces graves pensées qui n'ont rien perdu de leur valeur : « J'ai frémi » chaque fois que j'ai entendu discuter philosophiquement l'ar- » ticle du mariage. Que de manières de voir ! que de systèmes ! » que de passions en jeu ! Combien l'objet ne paraît-il pas » différent au même individu, suivant les positions où il se » trouve ? La législation civile y pourvoirait, me dira-t-on. Quand ? » Par qui ? Cette législation n'est-elle pas entre les mains des » hommes, c'est-à-dire de ces mêmes individus dont les idées,

(1) *Discours sur la religion nationale,* 1789, cité par le cardinal GOUSSET, *Théologie dogmatique,* t. II, p. 662.

» les vues, les principes changent ou se croisent? Voyez les » accessoires de ce grand objet qui sont laissés à la législation » purement civile, étudiez leur histoire ; et vous sentirez à quoi » tiendrait le repos des familles et celui de la société. Combien » donc n'est-il pas heureux, que sur ce point, nous ayons une » grande loi mise au-dessus du pouvoir des hommes! Si elle est » bonne, gardons-nous de la mettre en danger, en la faisant » changer de sanction. Et s'il est des individus qui soutiennent et » soutiennent fortement qu'elle est détestable, ne fortifient-ils » pas ma thèse? car il y a une multitude de gens qui croient » cette loi très sage et très bonne et qui disputeraient perpé» tuellement contre eux. La société se diviserait donc sur ce point » suivant la prépondérance des avis en divers lieux. Cette prépon» dérance changerait pour toutes les causes qui rendent la légis» lation civile variable; et ce grand objet, qui, par les relations » des individus d'Etat à Etat, et pour le repos et le bonheur de » la société, exige le plus éminemment uniformité et constance, » serait le sujet perpétuel des querelles les plus vives. Combien » la société ne doit-elle pas à la religion d'avoir mis l'existence » de cette loi au-dessus du pouvoir des humains (1) ! ».

D'ailleurs est-ce à dire que l'Etat n'aura à intervenir en rien en ce qui concerne le mariage, et que ce dernier serait de la sphère exclusive de l'Eglise?

Si l'on considère les choses attentivement, on voit que l'Eglise, loin de nier que le mariage n'ait des liens et des rapports nécessaires avec les intérêts humains, et par conséquent entièrement connexes au droit civil, a toujours déclaré que ces intérêts sont à bon droit de la compétence et du ressort de ceux qui sont à la tête de l'Etat.

Plus d'une fois même, quand elle l'a pu et suivant les circonstances, elle a modifié les prescriptions de ses propres lois pour les mettre en rapport avec le droit civil, tellement elle souhaite l'harmonie et l'accord entre les deux puissances religieuse et séculière.

Bien loin donc le reproche fait à l'Eglise par les impies de notre temps de nourrir des inimitiés contre l'Etat, et de chercher les occasions de violer le droit civil.

Nous entendons au contraire ceux qui la connaissent, affirmer qu'elle se préoccupe du bonheur des sociétés sur la terre, aussi bien que de leur salut éternel, et pour arriver à cette fin, elle travaille avec l'assistance de l'Esprit saint à une législation sage et bienfaisante pour les deux sociétés ecclésiastique et civile.

(1) Cf. cardinal Gousset, *Théologie dogmatique*, t. II, p. 662.

Voyons-la s'inspirant des nécessités inévitables d'un ordre social nouveau, se rapprocher des Etats modernes, quand la pratique du mariage civil y a pénétré ou est sur le point d'y pénétrer ; voyons-la leur faire elle-même des avances, leur accorder même des concessions, sous le nom de *Concordats*, afin d'établir au moins dans l'essentiel l'harmonie entre l'Eglise et l'Etat.

Léon XIII nous le dit expressément. « Quæ cum ita sint, » omnes gubernatores administratoresque rerum publicarum, si » rationem sequi, si sapientiam, si ipsam populorum utilitatem » voluissent, malle debuerant sacras de matrimonio leges intactas » manere, oblatumque Ecclesiæ adjumentum in tutelam morum » prosperitatemque familiarum adhibere, quam ipsam vocare » Ecclesiam in suspicionem inimicitiæ, et in falsam atque ini- » quam violati juris civilis insimulationem. »

« Eoque magis, quod Ecclesia catholica, ut in re nulla potest » ab religione officii et defensione juris sui declinare, ita maxime » solet esse ad benignitatem indulgentiamque proclivis in rebus » omnibus, quæ cum incolumitate jurium et sanctitate officio- » rum suorum possunt una consistere. Quam ob rem nihil un- » quam de matrimoniis statuit, quin respectum habuerit ad sta- » tum communitatis, ad conditiones populorum ; *nec semel* » *suarum ipsa legum præscripta, quoad potuit, mitigavit,* » *quando ut mitigaret caussæ justæ et graves impulerunt.* — » Item non ipsa ignorat neque diffitetur, sacramentum matri- » monii, cum ad conservationem quoque et incrementum socie- » tatis humanæ dirigatur, cognationem et necessitudinem habere » cum rebus ipsis humanis, quæ matrimonium quidem conse- » quuntur, sed in genere civili versantur : de quibus rebus jure » decernunt et cognoscunt qui reipublicæ præsunt. »

Que l'Etat cesse donc ses injustes défiances à l'égard de l'Eglise ! L'histoire lui apprendra que les Papes, dès les premiers siècles, ont toujours recherché cet accord si désirable entre les deux pouvoirs au sujet du mariage.

Que l'Etat aille vers l'Eglise avec des intentions pacifiques et des pensées de concorde ; la prospérité des sociétés chrétiennes en sera d'autant plus sauvegardée, car l'Eglise n'a jamais rien décidé en cette matière si délicate, qui ne fût en rapport avec les conditions de la société et le bien des familles ; elle a adouci elle-même les prescriptions de ses propres lois, lorsque des causes justes et graves lui ont conseillé cet adoucissement.

Aussi Léon XIII fait-il entendre cet appel pressant à ceux qui détiennent l'autorité dans la société civile. Ces nobles paroles serviront de conclusion à notre travail.

« Nemo autem dubitat, quin Ecclesiæ conditor Jesus Christus » potestatem sacram voluerit esse a civili distinctam, et ad suas » utramque res agendas liberam atque expeditam ; hoc tamen » adjuncto, quod utrique expedit, et quod interest omnium ho- » minum, ut conjunctio inter eas et concordia intercederet, in » iisque rebus quæ sint, diversa licet ratione, communis juris et » judicii, altera, cui sunt humana tradita, opportune et con- » gruenter ab altera penderet, cui sunt cœlestia concredita. Hu- » jusmodi autem compositione, ac fere harmonia, non solum » utriusque potestatis optima ratio continetur, sed etiam oppor- » tunissimus atque efficacissimus modus juvandi hominum genus » in eo quod pertinet ad actionem vitæ et ad spem salutis sem- » piternæ. Etenim sicut hominum intelligentia, quemadmodum » in superioribus Encyclicis Litteris ostendimus, si cum fide » christiana conveniat, multum nobilitatur multoque evadit ad » vitandos ac repellendos errores munitior, vicissimque fides non » parùm præsidii ab intelligentia mutuatur ; sic pariter, si cum » sacra Ecclesiæ potestate civilis auctoritas amice congruat, ma- » gna utrique necesse est fiat utilitatis accessio. Alterius enim » amplificatur dignitas, et, religione præeunte, nunquam erit » non justum imperium : alteri vero adjumenta tutelæ et defen- » sionis in publicum fidelium bonum suppeditantur.

» Nos igitur, harum rerum consideratione permoti, cum stu- » diose alias, tum vehementer in præsenti viros principes in con- » cordiam atque amicitiam jungendam iterum hortamur ; iis- » demque paterna cum benevolentia veluti dexteram primi por- » rigimus, oblato supremæ potestatis Nostræ auxilio, quod tanto » magis est hoc tempore necessarium, quando jus imperandi » plus est in opinione hominum quasi accepto vulnere, debilita- » tum. Incensis jam procaci libertate animis, et omne imperii, » vel maxime legitimi, jugum nefario ausu detrectantibus, salus » publica postulat, ut vires utriusque potestatis consocientur ad » prohibenda damna, quæ non modo Ecclesiæ, sed ipsi etiam ci- » vili societati impendent. »

DU DIVORCE

Ainsi que nous l'apprend l'histoire des débats parlementaires en France depuis un siècle, il y a eu deux manières d'envisager la question, et comme conséquence deux manières d'organiser le divorce : ou bien on a considéré le divorce comme un droit et un bien, une institution aussi naturelle et régulière que le mariage, et alors on l'a permis largegement, libéralement; ou bien on y a vu un mal, mais un mal nécessaire dans quelques cas, un remède indispensable qu'on accordera comme à regret en vue de circonstances exceptionnelles. Le premier point de vue a été celui du législateur du 20 septembre 1792, le second a été celui du Code civil et de la loi du 27 juillet 1884.

Il est reconnu (1) que l'Assemblée législative, en votant le 20 septembre 1792 la loi du divorce, voulut avant tout marquer son hostilité contre l'Eglise.

Mais tel ne fut pas le motif avoué; on allégua des raisons tirées des principes nouveaux : le législateur déclare dans son préambule (2) partir de cette idée que le mariage étant un contrat civil comme le louage ou la vente, doit se dissoudre comme tous les contrats civils, par l'accord des parties contractantes, c'est-à-dire par le consentement mutuel.

Le principe ainsi formulé fût-il vrai en termes généraux, il serait encore inapplicable au mariage. En effet, nul ne saurait contester que le mariage n'est pas un contrat ordinaire, mais une convention à part, à raison de son objet tout spécial, la personnalité humaine. « On ne doit pas, dit Treilhard (3), confondre le mariage avec une foule d'autres actes qui tirent aussi leur existence du consentement des parties, mais qui, n'intéressant qu'elles, peuvent se dissoudre par une volonté contraire à celle qui les a formées. » Les relations que crée le mariage entre les contrac-

(1) Savoye-Rollin, *Rapport*, § 40 (18 mars 1803); Dalloz, *Répertoire*, t. XXXIX, p. 893, col. 1.

(2) Dalloz, *Répertoire*, t. XXXIX, p. 887, col. 1.

(3) *Exposé des motifs*, § 8 (21 mars 1803); Dalloz, *Répertoire*, t. XXXIX, p. 889, col. 2.

tants, et la fin en vue de laquelle il les unit, empêchent de le traiter comme les contrats ordinaires, de l'assimiler à une vente ou à une convention de bail.

« La liberté individuelle, disait encore Léonard Robin (1), pour justifier le divorce devant l'assemblée législative de 1792, ne peut jamais être aliénée d'une manière indissoluble par aucune convention. » A la Convention nationale, Oudot (2) invoquait de même, en faveur du divorce, l'article premier de la Déclaration des Droits du 3 septembre 1791 (3); et au conseil des Cinq Cents on soutenait (4) que l'indissolubilité du mariage était contraire à l'art. 15 de la Déclaration des Droits du 5 fructidor an III (5) et à l'art. 352 de la Constitution de la même date (6).

La Déclaration des Droits de l'an III, développant l'article premier de celle du 3 septembre 1791, dit bien, il est vrai, que l'homme « ne peut se vendre ni être vendu, » et que « sa personne est inaliénable. » Mais à l'argument fondé sur ce texte, Siméon répondait (7) que le mariage ne peut pas être comparé à la servitude, et que le don mutuel de leur foi que se font les époux n'est pas une aliénation de la liberté contraire aux droits de l'homme. Si le divorce était un affranchissement commandé par la Déclaration, le mariage, jusqu'au jour de sa dissolution, serait un esclavage contraire à la même Déclaration; on ne peut donc pas invoquer ce texte en faveur du divorce, à moins de condamner l'institution même du mariage.

De même, comme dit Siméon, si la Constitution de l'an III, reprenant la formule de l'art. 1er de la loi des 13-19 février 1790 (8), assimile aux vœux religieux qu'elle ne reconnaît pas les engagements contraires aux droits naturels de l'homme, le mariage indissoluble ne rentre pas dans cette catégorie d'engagements; il n'est pas contraire au droit naturel de liberté, puisque, nous venons de le dire, ce n'est pas un esclavage; le principe de la loi de 1790 et de la Constitution de l'an III ne commandait donc pas au législateur d'admettre le divorce.

Ces arguments semblaient cependant décisifs aux assemblées de la Révolution; ils avaient déterminé l'Assemblée législative à

(1) *Moniteur*, 1792 (8 septembre), p. 1072, col. 2.
(2) *Moniteur*, 1794 (25 avril, 6 floréal an II), p. 877, col. 1.
(3) Dalloz, *Répertoire*, t. XVIII, p. 288, col. 1.
(4) Darracq, *Discours*, *Moniteur*, 1797 (25 janvier; 6 pluviôse an V); p. 503, col. 1.
(5) Dalloz, *Répertoire*, t. XVIII, p. 303, col. 1.
(6) Dalloz, *loc. cit.*, p. 311, col. 1.
(7) *Moniteur*, 1797 (26 janvier, 7 pluviôse an V), p. 508, col. 2.
(8) Dalloz, *Répertoire*, t. XIV, p. XIV, p. 665, col. 2.

clôturer sa législature en votant, dans sa dernière séance, la loi du 20 septembre 1792. Puisque, à ses yeux, le divorce est un droit et un bien, une conséquence nécessaire de l'idée de liberté, c'est le divorce par consentement mutuel qu'elle pose en principe; pour le même motif, il ne pouvait pas être alors question de la séparation de corps, car il n'y a pas lieu d'organiser un tempérament à l'institution du divorce lorsqu'on la considère comme excellente et essentielle; et le législateur révolutionnaire voulait, par la suppression de la séparation de corps, « enlever au culte catholique le seul remède qu'il avoue, et mettre le divorce aux prises avec toutes les consciences, en les opprimant sous le poids de la nécessité. » (1)

La loi de 1792 organisait en même temps le divorce à la volonté d'un seul des deux époux, se fondant pour l'admettre sur les mêmes considérations que nous verrons alléguer dans les travaux préparatoires de la loi du 27 juillet 1884. Elle décida que, feraient prononcer le divorce, sur la demande d'un des deux époux, les causes traditionnelles de séparation de corps : adultère, excès, sévices et injures graves; elle y ajouta la condamnation à certaines peines qui, sous l'ancien régime, entraînaient la dissolution du mariage par l'effet de la mort civile, — une cause d'ordre politique: l'émigration, et d'autres faits qui sont le dérèglement des mœurs notoires, l'abandon de l'un des époux par l'autre durant deux ans au moins, la démence, et l'absence d'un des conjoints pendant cinq ans. Elle ne s'arrêta même pas à cette liste, déjà si large de causes déterminées, et, sous prétexte qu'un des époux peut avoir à invoquer des motifs de divorce dont il serait scandaleux de voir faire la preuve en justice (2), elle permit, sauf certaines conditions et des délais d'épreuve, le divorce sur la simple allégation par l'un des époux de l'incompatibilité d'humeur qui est censée couvrir les faits sérieux, mais difficiles à publier.

Voilà le grand divorce, si l'on peut ainsi parler, celui du droit révolutionnaire, dont la loi du 4 floréal an II (3) est encore venue étendre les facilités, en supprimant tout délai d'épreuve lorsque les époux sont séparés de fait depuis six ans.

On ne tarda pas à constater la déplorable influence de cette législation sur la moralité publique; on dut même, le 15 thermidor an III (4), suspendre l'exécution de la loi de l'an II; ce mou-

(1) Savoye-Rollin, *Rapport*, § 40 (18 mars 1803); Dalloz, *Répertoire*, t. XXXIX, p. 893, col. 1.

(2) Ducastel, *Discours*, *Moniteur*, 1792 (15 septembre), p. 1099, col. 3.

(3) Dalloz, *Répertoire*, t. XXXIX, p. 888, col. 2.

(4) Dalloz, *loc. cit.*, p. 889, col. 2.

vement de la réaction se fit encore sentir au moment de la confection du Code civil.

Aussi ses rédacteurs se placèrent-ils à un point de vue tout différent de celui de 1792. A leurs yeux, « le divorce en lui-même ne peut pas être un bien, c'est le remède d'un mal » (1), et la seule question qu'ils se posent est celle-ci : « Faut-il préférer au divorce l'usage ancien de la séparation de corps ? Faut-il préférer à l'usage de la séparation celui du divorce (2) ? » Sous l'influence des idées que nous verrons développer dans les discussions de 1802 à 1084, ils accordèrent leurs préférences au divorce, mais, soucieux de sauvegarder la situation des catholiques (3) à qui leur religion défend le divorce, et pour qui cependant la vie conjugale peut parfois devenir intolérable, établirent à côté du divorce la séparation du corps.

Il semble dès lors que, logiquement, ils eussent dû se borner à admettre le divorce pour les mêmes causes déterminées que la séparation. Ils ont, en effet, organisé le divorce pour causes déterminées, ils ont même réduit à trois celles de la loi de 1792 : adultère, excès, sévices ou injures graves, condamnation à une peine afflictive ou infamante ; ils ont supprimé le divorce pour incompatibilité d'humeur, la désastreuse expérience de la période révolutionnaire les ayant amenés jusqu'à l'évidence (4), de l'aveu même de la plupart des législateurs de l'époque, à la conclusion suivante : la publicité des motifs serait toujours un moins grand scandale que l'effrayant dérèglement des mœurs déchaîné par la loi qui admettait cette cause du divorce (5). Chose étrange ! Etant donné qu'ils ne considèrent pas le divorce comme un droit primordial et un bien, mais comme un remède, les législateurs de 1803 ont admis aussi le divorce par consentement mutuel, bien qu'ils l'aient subordonné à des conditions plus sévères. Toutefois cette bizarrerie n'est qu'apparente ; car ils n'allèguent, pour justifier le divorce par consentement mutuel, ni la Déclaration des Droits, ni le principe que le mariage est un contrat civil ordinaire, mais un simple motif d'utilité pratique, précisément celui qu'on invoquait en 1792 en faveur du divorce pour incom-

(1) Treilhard, *Exposé des motifs*, § 7 (21 mars 1803) ; Dalloz, *Répertoire*, t. XXXIX, p. 889, col. 2.
(2) *Idem*, § 6 ; *Ibidem*, col. 1.
(3) Savoye-Rollin, *Rapport*, § 41 (18 mars 1803) ; *Ibidem*, p. 893, col. 1.
(4) Portalis, *Rapport*, *Moniteur*, 1797 (24 septembre, 3 vendémiaire, au VI), p. 11 col. 2.
(5) Mailhe, *Discours*, *Moniteur*, 1797 (21 janvier, 5 pluviôse, an V), p. 509, col. 3.

patibilité d'humeur. « Ne convenait-il pas, dit Treilhard (1), de ne pas forcer les époux à une publicité non moins amère pour l'innocent que pour le coupable? » C'est, dit-il, pour donner le moyen d'éviter cette publicité que le Code civil permet de faire prononcer le divorce par consentement mutuel. Treilhard prévoit l'objection : l'époux coupable d'excès envers l'autre refusera son consentement. « Ce refus est possible, répond-il (2), il n'est pas vraisemblable. Une femme convaincue d'adultère ne se trouverait-elle pas trop heureuse que, par un excès d'indulgence, l'époux consentît à cacher sa faiblesse? Le conjoint coupable d'un attentat n'aurait-il pas le même intérêt? »

En somme, le Code de 1804 admit à la fois le divorce et la séparation de corps, et soumit le divorce à des conditions plus sévères que celles de la loi de 1792.

Sous la Restauration, la loi du 8 mai 1816 abolit le divorce en maintenant la séparation de corps. Son but était de mettre la loi civile en harmonie avec les règles de l'Eglise; c'est ce qui amena la réaction. Dès 1831, la Chambre des députés essaya de rétablir le divorce, mais elle se heurta à la résistance de la Chambre des Pairs. Enfin, dans ces dernières années, M. Naquet réveilla cette question qui était assoupie et dont bien peu de personnes se préoccupaient; sans autre but sérieux que de défaire l'œuvre de la Restauration et de contredire la doctrine de l'Eglise, il fit voter la loi du 27 juillet 1884; celle-ci rétablit le divorce, mais avec des restrictions plus sévères encore que celles du Code de 1804.

Code civil. — I. Les législateurs de 1884 ont compris que la réponse de Treilhard indiquée plus haut, est insuffisante pour justifier le divorce par consentement mutuel, car ils n'ont rétabli que le divorce pour causes déterminées qui sont les trois mêmes que celles de séparation de corps. Du reste ils se placèrent au même point de vue que les rédacteurs du code civil, et ne discutèrent que la question du divorce restreint.

Il est vrai qu'on tenta tout d'abord de revenir au grand et large divorce du droit révolutionnaire. En effet, les raisons alléguées en 1792 étaient celles qu'invoquait en 1876 M. Naquet (3) pour demander le rétablissement du divorce; par conséquent il admettait le divorce par consentement mutuel (4). Mais cette idée eut peu de succès même après de ceux qui soutinrent le projet

(1) *Op. cit.*, § 21, *loc. cit.*, p. 890, col. 1.
(2) *Idem*, § 22; *Ibidem*.
(3) *Exposé des motifs, Journal officiel*, 1876 (22 juin), p. 4400, col. 3.
(4) *Proposition de loi, Journal officiel*, 1876 (28 juin), p. 4601, col. 2.

de loi ; (1) et lors de la discussion au Sénat, les partisans du divorce, abandonnant le divorce par consentement mutuel (2), posèrent la question comme le législateur de 1803, et non comme celui de 1792 (3).

Voici les principales dispositions de la loi de 1884 modifiée par la loi de 1886.

A. Les causes déterminées de divorce sont la condamnation de l'un des époux à une peine afflictive et infamante, les excès, sévices et injures graves, et l'adultère soit du mari soit de la femme. Sur ce dernier point le législateur a innové en mettant sur le même pied l'adultère de l'un ou de l'autre des époux, qu'il ait été commis ou non dans la maison conjugale.

Quant aux formes et à la procédure, la loi actuelle exige que l'époux demandeur remette en personne sa demande au Président du Tribunal et prescrit un essai de conciliation (4), elle permet au tribunal de tarder à délivrer le permis de citer. Ce sont là des lenteurs qui doivent laisser aux passions le temps de se calmer et permettre au demandeur de s'arrêter. Depuis le 18 avril 1886, les parties n'ont plus à comparaître, après le jugement, devant l'officier d'état civil pour prononcer le divorce ; mais extrait du jugement est transcrit en marge de l'acte de mariage.

Des mesures provisoires seront prises relativement aux enfants, et en vue de la conservation des biens de la femme.

Enfin l'action est éteinte, si une reconciliation se produit.

De toute cette procédure il ressort que la pensée de la loi est de n'accueillir l'action que si elle est fondée sur des motifs sérieux et après que les intéressés ont mûrement réfléchi.

L'effet essentiel du divorce est de dissoudre le mariage. Chacun des deux époux peut se remarier ; ils peuvent se remarier entre eux, excepté si l'un ou l'autre, après le divorce, a contracté un nouveau mariage suivi d'un second divorce ; car on ne veut pas qu'ils se jouent du divorce comme du mariage.

D'un autre côté, pour éviter la *confusion de part*, la loi ne veut pas que la femme divorcée se remarie avant dix mois.

En outre, en cas de divorce pour adultère, l'époux coupable ne peut pas se marier avec son complice.

(1) Léon Renault, *Rapport*, *Journal officiel*, 1880 (31 janvier) p. 1101, col. 1.

(2) *Journal officiel*, Débats parlementaires, Sénat, 1884 (5 juin), p. 1035,

(3) Martin-Feuillée, *Discours*, *Ibidem* (29 mai), p. 985, col. 3.

(4) En Angleterre, jusqu'en 1857, le divorce ne pouvait être prononcé que par le Parlement (Glasson, *Histoire du droit et des institutions de l'Angleterre*, t. VI, p. 184), de même qu'on voit à Rome le pouvoir législatif intervenir dans l'adoption quand elle constitue une adrogation.

Le divorce ne détruit pas la puissance paternelle, mais le tribunal confie les enfants à celui des époux qu'il juge le plus digne, ou même à un tiers.

Enfin l'époux contre qui le divorce est prononcé, perd la jouissance légale sur les biens de ses enfants, et tous les avantages que son conjoint lui avait faits.

B. La séparation de corps est maintenue par la loi de 1884. Ses causes sont les mêmes que celles du divorce. La procédure spéciale du divorce ne lui est pas applicable, mais bien celle du droit commun, sauf cependant ce qui concerne les mesures provisoires.

C. La loi voit d'un œil favorable la cessation de la séparation de corps, et, considérant qu'elle constitue en un certain sens une situation transitoire, elle désire qu'elle prenne fin par la réconciliation ou se transforme en divorce. Sans nul doute la réconciliation des époux séparés de corps est chose éminemment désirable ; mais il y a des réserves importantes à faire en ce qui concerne la conversion de la séparation en divorce ; nous les ferons plus loin.

En réalité, ils étaient surtout déterminés par cette considération que la loi du divorce est un acte d'hostilité contre l'Eglise ; l'un des rapporteurs disait en effet (1) : « Nous la considérons comme une étape de plus dans la voie de la laïcisation de l'Etat », et laïcisation « cela veut dire tout simplement déchristianisation de la France » (2).

Mais, en dehors de cet ordre d'idées, l'argument officiellement formulé pour justifier le rétablissement du divorce est celui-ci : L'indissolubilité absolue du mariage serait l'idéal, mais la nécessité s'impose d'admettre au moins la séparation de corps ; or, elle présente de graves inconvénients, le divorce n'en présente pas, il est donc préférable. On l'admettra par conséquent pour les mêmes causes déterminées et avec les mêmes garanties que la séparation du corps, et on ne l'admettra qu'à raison d'une de ces trois causes. En même temps on maintiendra par égard pour les catholiques l'ancienne institution de la séparation de corps.

Qu'il faille admettre la séparation de corps, c'est une indiscutable nécessité. Il se présente, en effet, des cas où soit une fatale méprise, soit un changement complet dans les mœurs et les sentiments, transforment l'union conjugale en un supplice

(1) LETELLIER, *Rapport, Journal officiel,* Documents parlementaires, Chambre des députés, 1884, p. 1289, col. 3.

(2) MGR FREPPEL, *Discours, Journal officiel,* Débats parlementaires, Chambre des députés, 1884 (19 juillet), p. 1711, col. 3.

insupportable. Aussi l'Église autorise-t-elle dans certaines circonstances déterminées la séparation d'habitation.

Sur cette nécessité pour le législateur d'admettre la séparation de corps, tout le monde est du même avis. Mais le raisonnement des partisans du divorce s'appuie sur deux autres propositions qu'il faut examiner: inconvénients pratiques de la séparation de corps, absence d'inconvénients dans le divorce. Ces deux points, fûssent-ils vérifiés, le raisonnement serait encore insuffisant pour faire admettre le divorce, s'il y a contre cette institution d'irréfutables arguments de principe, qui ne s'élèvent pas contre la séparation de corps; c'est à ce point de vue que nous devrons nous placer en troisième lieu.

II. Il y a dans la première proposition indiquée une part de vérité : la séparation de corps présente des inconvénients.

C'est d'abord, dit-on (1), de punir l'époux innocent autant que l'époux coupable. Voilà un homme que les désordres de sa femme ont obligé à demander la séparation de corps, ou une femme qui a dû recourir au même remède contre les mauvais traitements de son mari; ils sont jeunes encore peut-être, et la séparation de corps va leur imposer un veuvage perpétuel.

Le fait est incontestable; le veuvage perpétuel qu'entraîne la séparation de corps peut être pénible. Mais à cette considération on a répondu en disant (2) : « La législation dans sa marche impitoyable rencontre bien des situations individuelles dignes d'intérêt et de sympathie; elle passe, et, en passant, souvent elle broie, elle écrase; elle représente l'intérêt de tous, et il y a des misères auxquelles elle ne peut donner que sa compassion. » Si donc l'on démontre tout à l'heure que l'indissolubilité du mariage est commandée par l'intérêt social, il faudra obliger l'époux séparé et innocent à faire à cet intérêt social le sacrifice de sa jeunesse; s'il a des enfants que la justice lui confie, il sera soutenu par leur amour.

Mais, ajoute-t-on, bien des époux séparés, l'expérience le prouve, incapables de supporter cette solitude, contractent des liaisons coupables. Et ces désordres sont encore un inconvénient de la séparation de corps que le divorce fera cesser en permettant un nouveau mariage légitime (3).

Ici il faut se mettre en garde contre les assertions trop pessi-

(1) Martin-Feuillée, *Discours, Journal officiel*, Débats parlementaires, Sénat, 1884 (29 mai), p. 987, col. 3.

(2) Allou, *Discours, Journal officiel*, Débats parlementaires, Sénat, 1881 (29 mai), p. 990, col. 2.

(3) Naquet, *Idem*, Chambre des députés, 1882 (15 juin), p. 920, col. 3.

mistes. Il y a, en effet, bien des maris qui, après la séparation obtenue contre leur femme, gardent la foi jurée au mariage : il y a surtout des femmes qui dans ces conditions vivent dans un isolement aussi respectable que celui de la veuve (1).

Les préoccupations des partisans du divorce se portent surtout vers les ouvriers des villes (2). Même de ce côté le divorce n'a pas l'heureux effet qu'on prétend; on le voit par ce qui se passe dans les classes ouvrières au décès de l'un des conjoints; les seconds mariages en pareil cas y sont rares; c'est à l'union libre que profite la liberté (3).

Enfin « ce qui pousse à l'adultère, ce sont les mauvaises mœurs des époux séparés, et non point la séparation de corps; et les mauvaises mœurs, c'est la fragilité du lien conjugal qui les déchaîne. Après avoir répudié sa première femme, Henri VIII en épousa successivement cinq autres. Qui donc autorise à affirmer que les désordres ne subsistent pas malgré le divorce (4)? »

On insiste encore et l'on fait ressortir à un troisième point de vue les inconvénients de la séparation en disant que la femme qui l'a obtenue va rester au point de vue de ses intérêts sous la dépendance de son mari, et dans l'obligation de solliciter l'autorisation maritale d'un homme guidé par le sentiment de la vengeance et les calculs les plus odieux (5). Il lui fera peut-être payer à prix d'argent cette autorisation dont elle a besoin; en tous cas les lenteurs de l'autorisation judiciaire peuvent lui faire tort dans la gestion de ses affaires.

A cet argument la réponse est facile; pour faire disparaître cet inconvénient de la séparation de corps, point n'est besoin de rétablir le divorce, il suffit de changer la loi en ce qui concerne l'exercice de l'autorité maritale après la séparation prononcée.

La loi du 8 février 1893 lui a donné satisfaction dans le sens le plus large. En voici les termes : « Art. 311. La séparation de corps a pour effet de rendre à la femme le plein exercice de sa capacité civile, sans qu'elle ait besoin de recourir à l'autorisation de son mari ou de justice. » Désormais la femme séparée de corps a l'administration de ses biens, comme si elle était veuve ou fille majeure.

Ce nouveau régime de la séparation de corps, bien qu'on l'ait

(1) Chesnelong, *Idem*, Sénat, 1884 (19 juin), p. 1111, col. 3.
(2) Lafond de Saint-Mür, *Idem* (26 mai), p. 961, col. 3.
(3) Allou, *Idem* (29 mai), p. 991, col. 2.
(4) Louis Legrand, *Le mariage et les mœurs en France*, p. 218.
(5) Martin-Feuillée, *Discours, Journal officiel*, Débats parlementaires, Sénat 1884 (29 mai), p. 987, col. 3.

vivement attaqué (1) au nom de l'autorité maritale, et à cause de la trop grande ressemblance qu'il produit entre la séparation et le divorce, réalise un progrès notable, et fait disparaître un inconvénient de la séparation de corps qu'invoquent les partisans du divorce.

III. On sait maintenant ce qu'il faut penser des trois considérations d'après lesquelles la séparation de corps présente des inconvénients que n'offre pas le divorce. Il est temps de se demander, encore sur le terrain des avantages ou désavantages pratiques, si le divorce ne mérite pas des reproches singulièrement mieux fondés.

La séparation de corps, a-t-on dit, sacrifie les intérêts respectables de l'époux innocent. C'est vrai, mais le divorce sacrifie toujours les intérêts de la femme.

L'auteur de la première proposition de loi sur le divorce, Aubert-Dubayet, disait, au contraire, qu'il voulait « sauvegarder les droits des femmes contre le despotisme des pères et la perfidie des maris » (2). Sa proposition était dans sa pensée faite en faveur des femmes.

Il fallait, pour parler ainsi, fermer les yeux à l'évidence : la femme, en effet, est un être faible; au jour de la dissolution par le divorce elle ne se retire pas du mariage avec toute son indépendance (3), elle laisse fatalement et par la nature même des choses, dans le mariage dissous la meilleure part de son être et de sa vie.

« Le mariage, a-t-on dit (4), n'est pas une société où les associés apportent des mises égales : c'est une société où l'homme met la protection de la force, la femme les besoins de sa faiblesse; l'un le pouvoir, l'autre le devoir; d'où l'homme sort avec toute son autorité, mais d'où la femme ne peut sortir avec toute sa dignité, car de tout ce qu'elle apporte dans la société, elle ne peut, en cas de dissolution, reprendre que son argent. Et n'est-il pas souverainement injuste que la femme, entrée dans la famille avec la jeunesse et la fécondité, puisse en sortir avec la stérilité et la vieillesse ; qu'elle soit mise hors de la famille à qui elle a donné l'existence à l'âge auquel la nature lui refuse d'en former une autre? »

L'étude approfondie de l'histoire romaine et de l'histoire fran-

(1) Blain des Cormiers, *Le Monde* du 26 février 1887.
(2) *Moniteur*, 1792 (1er septembre), p. 1039, col. 3.
(3) De Bonald, *Exposé des motifs, Moniteur*, 1815 (29 décembre), p. 1435, col. 3.
(4) De Bonald, *Du Divorce*, p. 112; cf. Bourgeois, *Revue catholique des intitutions et du Droit*, t. VIII, p. 360.

çaise nous montre que le temps où apparaît le divorce n'est pas celui où le rôle de la femme grandit. « Je regarde l'histoire des femmes dans toute la série des siècles et je vois la femme acquérir de l'importance, de la sécurité, de la dignité, à mesure que je vois le mariage se former, se resserrer. Plus le mariage est une institution solide et indestructible et plus éclate la grandeur de la femme (1). »

Le jour où le divorce rend en apparence à la femme sa liberté, il lui enlève en réalité l'auréole de pudeur et de respect qui fait sa force.

Le divorce sacrifie son honneur et sa dignité. « Ce qui fait l'honneur de la femme, c'est qu'elle n'appartient qu'à un seul... Est-ce chose toute simple que de voir cette femme affranchie par le divorce appartenant tour à tour à deux hommes?... Les époux seront vivants tous les deux, et la femme passera rougissante, et les deux époux se rencontreront eux-mêmes!... Il y a là quelque chose de cruel, de pénible et douloureux pour la dignité de la femme (2). »

De plus, la loi, en autorisant le divorce, diminue la protection dont elle doit couvrir la femme contre sa faiblesse naturelle : séparée de corps, la femme sait qu'elle ne peut pas contracter un nouveau mariage; il y a là une sauvegarde contre ses propres entraînements, puisqu'une faute ne pourrait pas se réparer. Divorcée, la femme sait qu'un nouveau mariage civil pourra réparer, non pas aux yeux de la conscience, mais dans la sphère du droit civil, une faute commise, et elle sera moins vigilante.

Les enfants ne sont pas moins sacrifiés que la femme par l'institution du divorce. Sans doute la situation des enfants des époux séparés de corps est affligeante. Les parents s'efforcent souvent de se les enlever l'un à l'autre, et leur éducation souffrira cruellement de ces tiraillements (3). Mais en cas de divorce les luttes ne seront-elles pas plus vives encore? L'époux divorcé fondera souvent une nouvelle famille, puisque c'est pour le lui permettre que le divorce a été établi. Que va devenir l'enfant au milieu de cette nouvelle famille? Du moins la séparation n'impose jamais aux enfants la douleur de se trouver ballotés entre le nouveau mariage de leur mère et celui de leur père, et de n'avoir plus dans l'un ni dans l'autre leur place au foyer (4).

(1) Chesnelong, *Discours*, séance du 24 juin 1884.
(2) Allou, *Discours, Journal officiel*, Débats parlementaires, Sénat, 1884 (29 mai), p. 992, col. 1.
(3) Martin-Feuillée, *Idem*, p. 988, col. 1.
(4) Allou, *Idem*, p. 992, col. 3.

Que va-t-il arriver, en effet, de ces enfants dont le jugement de divorce aura attribué la garde à l'un des époux? Si c'est le père qui les garde et se remarie, « ils ne seront pas seulement privés des caresses maternelles, ils verront une autre femme qui n'est pas leur mère... qui voudra prétendre à des respects qu'ils n'ont pas dans leurs cœurs. Et viennent des enfants dans cette union,... à ces fruits de l'adultère légal toutes les faveurs et toute la prédilection de la mère, peut-être du père lui-même!... Ou bien si c'est la mère qui se remarie et installe les enfants dans son nouveau ménage, la souffrance sera différente, mais ce sera toujours la douleur et l'humiliation dans le délaissement. Voir leur mère ne plus porter un nom qui est le leur et se parer d'un nom où ils sentiront un outrage; voir chaque jour à la table de la famille la place du père occupée par l'étranger, ne plus pouvoir respecter leur mère et continuer à l'aimer, être traités par le second époux de leur mère avec indifférence d'abord, et, quand des enfants seront venus dans l'union nouvelle, avec rudesse et avec haine (1)! »

Cette situation des enfants des époux divorcés n'est-elle pas contre nature? « S'il y a une école de dépravation et de démoralisation, la voilà. »

L'éducation morale de l'enfant exige donc l'indissolubilité du lien matrimonial. Lorsque l'éducation est terminée, les parents ont ordinairement atteint un âge où ils ne sont plus aptes à un autre mariage, et où ils ont besoin de leurs soins réciproques. A quoi bon le divorce à ce moment?

— Le divorce n'a pas seulement le tort de sacrifier deux êtres faibles, la femme et l'enfant, il exerce une influence néfaste sur le mariage lui-même. Le mariage, en effet, « vit de concessions mutuelles (2). » Si les époux savent qu'ils sont unis pour jamais, et que, quoi qu'il arrive, il leur faudra vivre ensemble jusqu'à la mort, ils supportent les contrariétés et les chocs de caractères inévitables dans la vie conjugale. L'indissolubilité sera le plus puissant mobile de tolérance réciproque. Mais si la loi, en autorisant le divorce, permet d'entrevoir la possibilité de rompre cette union et d'en contracter une nouvelle, les susceptibilités s'enveniment; dans un moment d'irritation, la pensée de divorcer se fait jour. Au lieu de pardonner, d'oublier, d'attendre, on additionne les torts, on les exagère, et le triste dénouement arrive (3).

C'est surtout à l'heure où s'éteint l'amour violent des premiers

(1) Chesnelong, *Idem* (19 juin), p. 1112, col. 3.
(2) Allou, *Idem* (29 mai), p. 992, col. 2.
(3) B. Terrat, le *Divorce*.

temps, que ce danger est à craindre. La crise qui survient alors produit une irritabilité maladive qui amènera vite à l'idée du divorce, si la loi le permet. Si l'indissolubilité est imposée par la loi, on continue à vivre ensemble par nécessité, puis au bout de quelque temps vient un sentiment nouveau « aussi touchant que celui des premières années (1) »; et les époux retrouvent le bonheur, tandis qu'ils eussent fait le malheur de toute leur vie, si, à l'époque de la crise, ils n'avaient pas résisté à la pensée du divorce.

L'intérêt de la société, tant au point de vue économique qu'au point de vue moral, est aussi compromis par le divorce.

Si la fille du paysan entre dans la maison de son mari en se disant qu'elle n'en sortira qu'à sa mort, elle épargnera dès le premier jour, et amassera, dans les périodes heureuses, les ressources nécessaires pour les mauvais jours. C'est grâce à la ménagère encore que son mari pourra, de ses économies, arrondir son domaine. Mais le jour où la possibilité du divorce lui inspirera la crainte de quitter plus tard cette maison, elle n'aura plus la même ardeur à augmenter la fortune commune (2). Ainsi le divorce ruine l'esprit d'épargne indispensable au développement économique du pays.

Au point de vue moral, la possibilité de se remarier après un divorce vicie l'institution même du mariage. Celui qui sollicite la séparation de corps demande simplement qu'on lui épargne la cohabitation avec une personne qui lui est devenue odieuse : au contraire, il arrive souvent que le demandeur en divorce ait des vues plus éloignées et songe au nouvel époux auquel il s'unira après le divorce. N'arrive-t-il pas qu'une femme, par exemple, pense au divorce dès le jour du mariage et cherche à créer une cause de divorce pour recouvrer sa liberté et épouser celui qu'elle préfère à son mari. « Comment? En insultant son mari, en lui adressant des injures graves? Non, car alors elle en serait victime, et le jugement serait prononcé contre elle, il en résulterait une véritable condamnation. Eh bien, alors, elle n'insultera pas, elle se fera insulter, c'est aussi facile (3). »

Voilà comment le divorce porte atteinte au mariage lui-même. Il y a peut-être quelque hardiesse à affirmer que les jeunes filles hésitent à se marier par crainte de se voir abandonner, grâce au divorce, et que le nombre des mariages est diminué par l'effet

(1) Jules Simon, *Discours, Débats parlementaires au Sénat,* 1884 (17 mai), p. 982, col. 2.
(2) Lenoël, *Idem* (19 juin) p. 1117, col. 3.
(3) J. Simon, *Idem* (27 mai), p. 982, col. 1.

de la loi qui l'autorise (1). Mais, du moins, l'impossibilité de la réconciliation à laquelle laisse toujours place la séparation de corps, les désunions qu'amène le divorce en décourageant les époux de la tolérance réciproque, la possibilité de songer durant le mariage à s'unir, après divorce, à un autre époux que l'on préfère, en voilà assez pour compromettre gravement l'institution du mariage et la famille. Or, le noyau primitif et la base de la société, n'est-ce pas la famille ? Enlever à la société un élément essentiel de solidité, la famille unie et honnête, en y introduisant le divorce, c'est la pousser à sa ruine. Aussi pouvait-on dire en 1881, à la Chambre des députés (2) : « Vous allez ébranler notre institution maîtresse, la véritable molécule sociale de ce pays-ci, le seul élément solide autour duquel vous puissiez grouper vos autres institutions. »

N'est-il pas suffisamment établi dès maintenant que, malgré ses inconvénients, la séparation de corps est un régime bien moins désastreux au point de vue pratique que le divorce ? Les partisans du divorce insistent cependant encore en invoquant l'expérience des pays étrangers (3) ; le divorce, en effet, existe chez tous les peuples civilisés, à l'exception de l'Italie, de l'Espagne et du Portugal, et ne semble pas y avoir exercé l'influence désastreuse qu'on lui reproche.

Mais il faut observer que les peuples en question sont d'origine germaine, saxonne ou flamande (4); que, dans ces pays, les effets du divorce sont contrebalancés par d'autres mœurs, par un état politique et social différent du nôtre (5) ; qu'en Allemagne, le divorce produit certains désordres (6) et que l'exemple de l'Angleterre ne saurait être allégué, la procédure du divorce y étant assez compliquée et coûteuse pour être inabordable (7).

Les peuples de race latine, au contraire, l'Italie, l'Espagne et le Portugal, repoussent le divorce, et dans le seul pays de cette race, qui, avec la France, l'ait admis, la Roumanie, il a produit les désordres les plus inquiétants (8).

Tout au moins, la statistique toujours assez incertaine des

(1) Mgr Freppel, *Idem*, Chambre des députés, 1884 (19 juill.), p. 1772, col. 3.
(2) H. Brisson, *Idem*, 1881 (8 février), p. 194, col. 3.
(3) Emile Labiche, *Idem*, Sénat, 1884 (30 mai), p. 999, col. 3; Naquet, *Idem*, Chambre des députés, 1881 (7 février), p. 181, col. 2 et 1882 (15 juin), p. 917, col. 2.
(4) Allou, *Idem*, Sénat, 1884 (29 mai), p. 993, col. 2.
(5) Mgr Freppel, *Idem*, Chambre des députés, 1882 (13 juin), p. 894, col. 3).
(6) Louis Legrand, *Idem*, 1881 (5 février), p. 162, col. 3.
(7) *Idem*, col. 2.
(8) *Idem*, col. 3. — Cf. Glasson, *Le mariage civil et le divorce*, 2e édit., p. 376 et 281 et suiv.

peuples étrangers, n'était pas assez concluante en faveur du divorce pour justifier son introduction en France. Et l'eût-elle été, on était encore en droit de dire (1) : « Que m'importent ces exemples empruntés aux nations étrangères? Nous avons, nous, nos traditions propres, nos traditions nationales, elles nous suffisent. »

IV. Ce n'est pas assez que de comparer les inconvénients respectifs de la séparation de corps et du divorce au point de vue pratique ; il faut aborder la question de principe, celle de la licéité du divorce en lui-même.

Il y a, dit-on parfois, si peu de différence dans la réalité des faits entre la séparation de corps et le divorce, qu'on ne comprend pas, si la séparation est permise, que le divorce ne le soit pas.

« Que reste-t-il du lien conjugal après la séparation de corps? disait M. Odilon-Barrot (2) ; plus d'intérêts communs, plus de vie commune, » et Treilhard (3) disait de même : « Cette union des personnes, cette communauté de la vie qui forment si essentiellement le mariage n'existent plus... pourquoi retenir encore le nom avec tant de soin lorsqu'il est évident que la chose n'existe plus? »

Il y a, quoi qu'on dise, même au point de vue des faits et des résultats, de profondes différences entre le divorce et la séparation de corps. Entre époux séparés, en effet, la réconciliation est toujours possible ; le divorce, au contraire, ferme la porte au pardon et à l'oubli. On peut, il est vrai, et c'est ce qu'a fait la loi du 27 juillet 1884, à la différence du Code civil, permettre aux époux divorcés de se remarier entre eux ; mais si l'un d'eux s'est remarié à un autre, ce que la loi du divorce veut avant tout lui permettre, et ce qui, en pratique, est le cas ordinaire, la faute commise n'est plus susceptible de réparation.

D'autre part, il y a, entre le divorce et la séparation de corps, une différence de principe. L'institution de la séparation de corps affirme que le mariage est indissoluble ; car elle suspend la vie commune et laisse subsister le lien du mariage.

C'est contre cette idée, qui constitue le caractère essentiel du divorce, que s'élèvent les arguments de principe.

Le divorce, au contraire, prétend briser ce lien en remettant les époux dans le même état de liberté où ils se trouvaient avant leur mariage.

(1) Mgr Freppel, *Discours, Journal officiel*, Débats parlementaires, Chambre des députés, 1882 (13 juin), p. 893, col. 3.

(2) *Rapport, Moniteur*, 1831 (27 novembre), p. 2241, col. 1.

(3) *Exposé des motifs*, § 9 (21 mars 1803) ; Dalloz, *Répertoire*, t. XXXIX, p. 889, col. 2.

De plus nous devons y voir une idée contraire à la nature même du mariage. La famille, en effet, n'est pas une création arbitraire et artificielle de l'homme ; tous les liens y sont perpétuels par essence, celui du mariage aussi bien que celui de la paternité, l'un n'est pas plus que l'autre susceptible de se dissoudre (1). La loi civile elle-même a consacré ce principe en décidant que l'adoption, une fois consentie, est irrévocable et forme un lien indissoluble, alors même qu'un enfant surviendrait après l'adoption.

Ce n'est pas tout ; le divorce est encore contraire à la volonté des époux. Lorsqu'ils s'unissent, ils veulent si fermement l'éternité de leur union qu'ils se font des dons irrévocables, créent entre eux une communauté de vie et de secrets incompatible avec l'idée de rupture.

L'amour, en effet, réclame l'éternité. « Quand l'amour existe entre deux êtres humains, ce n'est pas une heure, ce n'est pas un jour ; au moment où on le ressent, on se dit des deux côtés : c'est pour toujours, c'est à jamais (2). »

La pensée de la perpétuité et de l'indissolubilité de l'union est donc la condition essentielle du mariage. « Les époux sont sincères lorsqu'ils échangent une promesse qui engage le cœur, la volonté, la destinée toute entière : A toi pour jamais (3). »

Invoque-t-on l'impuissance du cœur humain à former des engagements perpétuels. M. de Bonald a répondu catégoriquement à cette raison : « Je crois, dit-il, qu'il est de l'homme de promettre et de tenir, de vouloir au-delà de lui-même, de placer cette volonté en face de sa faiblesse et de son inconstance, et de la faire triompher des infirmités de la nature. Voilà l'homme moral : levant la tête vers le ciel, en même temps qu'il présente un bras fort et une main fidèle à la chaste épouse de son choix. »

En résumé, le divorce est contraire à la nature même du mariage. La famille n'est pas une création arbitraire de l'homme ; là tous les rôles sont imposés, celui du père, de la mère, de l'enfant ; là tous les liens sont perpétuels ; on ne peut pas plus dissoudre le mariage que le lien de paternité.

Le divorce est encore contraire à la volonté des époux qui se sont juré un amour éternel, qui ont voulu une union sans rupture ; au but même du mariage qui crée des obligations perpé-

(1) E. Durand, *Discours, Journal officiel*, Débats parlementaires, Chambre des députés, 1882 (13 Juin), p. 900, col. 1.

(2) Jules Simon, *Discours, Journal officiel,* Débats parlementaires, Sénat, 1884 (27 mai), p. 982, col. 1.

(3) Lucien Brun, *Idem* (23 juin), p. 1176, col. 2.

tuelles, qui fait naître une communauté de vie et de secrets incompatible avec l'idée de rupture; le mariage a entraîné des dons irrévocables, que les époux ne pouraient retrouver, ni reprendre en cas de séparation.

Il exerce une influence désatreuse sur le mariage lui-même. Par cela seul qu'il laisse entrevoir la possibilité d'une rupture, il rend sa formation moins sérieuse et moins digne, il compromet sa durée, car l'éternité du lien, c'est le plus puissant mobile pour supporter des torts ou des travers réciproques; il rend moins probables les chances de réconciliation; souvent il les rend impossibles en permettant une nouvelle union.

Son influence est également désastreuse sur les membres de la famille, car il sacrifie les deux êtres faibles, la femme et l'enfant; et sur les mœurs, car il affaiblit l'idée de devoir en faisant croire que des époux séparés de corps ne sauraient garder la pureté et la dignité de leur vie; il ruine l'esprit d'épargne, car la femme, si elle peut craindre de quitter un jour le foyer conjugal, n'aura plus la même préoccupation d'augmenter la fortune commune.

Enfin s'élève contre le divorce un argument capital, l'argument religieux. La doctrine de l'Eglise proclame l'indissolubilité du mariage et condamne le divorce même en cas d'adultère (1); la loi civile doit respecter ce principe formulé par la loi religieuse, et ne pas se mettre en opposition contre elle en permettant le divorce.

On a prétendu que l'Eglise n'a pas toujours condamné le divorce, et durant les premiers siècles l'a toléré dans les cas où il se justifie par des causes déterminées (2).

Mais telle n'est point l'exacte vérité; ce qui est vrai, c'est que l'Eglise, ayant à lutter contre des mœurs et une législation fortement établies en faveur du divorce, n'a pas eu durant les premiers siècles assez d'influence pour le faire abolir entièrement, et n'a pu faire disparaître que le divorce par consentement mutuel. Ce n'est pas à dire pour cela qu'elle ait toléré le divorce pour causes déterminées; rien dans sa législation propre ne permet de soutenir une telle assertion, et dès ses premières années elle a combattu de toutes ses forces contre le divorce. Les Conciles, ajoute-t-on, sous les Carlovingiens, ont prononcé des divorces. Nous répétons que tous ces Conciles n'ont pas été approuvés par Rome. Du reste ces prétendus divorces, si on les examine de

(1) Concile de Trente, session XXIV, canon 7.
(2) Martin-Feuillée, *Discours, Journal officiel,* Débats parlementaires, Sénat 1884 (29 mai), p. 989, col. 1.

près, sont de véritables nullités de mariage, ou des séparations de corps (le mot *Divortium* avait ces deux sens), pour lesquelles les conciles avaient à se prononcer, en tant qu'ils étaient composés d'évêques, véritables juges ecclésiastiques en ces matières.

On insiste : si l'Eglise prohibe le divorce, du moins elle admet quatorze causes de nullités de mariage ; il en est « qui sont bien peu définies, et par suite singulièrement *élastiques*, comme la condition et l'honnêteté (1). » N'est-ce pas là, conclut-on, une atteinte portée par l'Eglise elle-même à son principe de l'indissolubilité du mariage ? Lorsque, par exemple, on la verra annuler un mariage princier pour cause de violence exercée sur le consentement après dix années écoulées et lorsqu'un enfant est né de cette union (2), on dira que même dans sa doctrine le principe de l'indissolubilité n'est pas absolu.

Ce raisonnement repose sur d'étranges erreurs. Et d'abord il faut être bien peu familier avec le droit canonique pour trouver *élastiques* et mal définis les empêchements de condition et d'honnêteté ; on semble croire qu'ils permettent d'annuler le mariage si l'un des époux n'a pas la situation sociale et l'honorabilité sur lesquelles on était en droit de compter. Or il n'en est rien ; l'empêchement de condition, *impedimentum conditionis servilis ignoratæ*, est celui qui résulte de la qualité ignorée d'esclave chez l'un des conjoints : celui d'honnêteté publique annule le mariage entre l'un des deux fiancés et les parents de l'autre. Voilà qui est parfaitement défini.

D'autre part, il n'est point permis d'assimiler l'annulation du mariage au divorce. Le mariage est annulé quand il manque lors de la célébration d'une des conditions requises ; le divorce, au contraire, s'entend d'un mariage parfaitement valable, qui cesse d'exister à raison d'un événement ultérieur qui rend difficile la cohabitation. Il contredit l'idée d'indissolubilité que l'annulation laisse intacte, puisqu'elle fait regarder le mariage comme n'ayant jamais existé un seul instant.

Cette différence entre les nullités canoniques et celles du droit civil a donné occasion à une objection en faveur du divorce : il y a des cas où le mariage religieux est nul, tandis que le mariage civil est valable ; si en pareille hypothèse on peut faire prononcer le divorce, les époux se trouveront libres au point de vue religieux et civil, c'est là un heureux résultat dû au divorce. Il en sera ainsi lorsque, en présence de refus absolu de cohabitation, il aura été obtenu une dispense canonique du mariage célébré et

(1) *Idem*, col. 2.
(2) NAQUET, *Idem* (27 mai), p. 977, col. 2.

non consommé (1) : Le refus de cohabitation au point de vue civil n'entraîne pas la nullité du mariage, mais c'est une injure grave qui fera prononcer le divorce. La situation sera encore la même si, après le mariage à la mairie, l'un des époux se refuse au mariage religieux; il y aura lieu à divorce pour injure grave.

Cet avantage n'est cependant pas une raison pour que l'Eglise accepte ou tolère l'introduction du divorce dans la loi civile. On ne peut pas, en effet, acheter une facilité, un avantage pratique, par le sacrifice d'un principe essentiel.

Forcés de reconnaître que l'Eglise n'admet point de dérogation au principe de l'indissolubilité du mariage, les partisans du divorce se retranchent derrière une autre objection en disant que, quelle que soit la doctrine catholique, ce n'est pas une raison pour condamner le divorce.

Il faut, suivant eux, le permettre en considération des religions qui l'autorisent, et notamment des protestants. « La plupart des doctrines religieuses répandues en France, disait Savoye-Rollin en 1803 (2), autorisent le divorce; sous quel prétexte le leur interdiriez-vous? La violence qui forçait un dogme à recevoir le divorce qu'il proscrivait serait la même violence pour le dogme obligé de proscrire ce qu'il approuve. » Et M. Odilon Barrot (3) : « La loi abolitive du divorce ne laisse au protestant aucune ressource légale pour faire ce que sa religion lui permet. »

Il y a là une regrettable confusion : leur religion permet aux protestants le divorce, elle ne le leur ordonne pas; la loi civile qui le leur interdirait ne contrarierait donc pas la règle de leur culte, elle y ajouterait simplement une prescription, la liberté de conscience demeurait donc intacte (4). Elle ne serait pas plus compromise qu'elle ne l'est par l'article 144 du Code civil qui exige pour le mariage l'âge de dix-huit ans pour les hommes et de quinze ans pour les femmes, tandis que l'Église permet de se marier à un âge moins avancé.

Mais on insiste, et l'on dit que le législateur ne doit pas interdire le divorce parce que l'Eglise le condamne, dans un pays où le catholicisme n'est pas religion d'État (5). C'est le principe du catholicisme reconnu comme religion de l'Etat qui l'a fait abolir

(1) Naquet, *loc. cit*, p. 977, col. 3.
(2) *Rapport*, § 41 ; Dalloz, *Répertoire*, t. XXXIX, p. 893, col. 2.
(3) *Rapport*, *Moniteur*, 1831 (27 novembre), p. 2240, col. 1.
(4) De Trinquelage, *Rapport*, *Moniteur*, 1816 (23 février), p. 202, col. 2.
(5) Martin-Feuillée, *Discours*, *Journal officiel*, Débats parlementaires, Sénat, 1884 (29 mai), p. 989, col. 2.

en 1816 (1); ce régime étant abrogé, rien ne s'oppose plus à son rétablissement.

N'est-il pas cependant souverainement injuste d'introduire une institution condamnée par l'Eglise dans la législation d'un peuple dont l'immense majorité est catholique?

On répond que la loi n'impose le divorce à personne et que les catholiques sont libres de ne pas en user (2); Aubert Dubayet disait de même (3) : « Que les croyants restent dans les liens qu'ils croient indissolubles. Nous respectons leurs croyances. »

Mais il n'est pas exact de dire que les catholiques sont libres de ne pas divorcer. Il est vrai que les époux catholiques restent libres de ne demander que la séparation de corps et non le divorce : mais le législateur de 1884 a décidé qu'au bout de trois ans, la séparation du corps pouvait être convertie en divorce.

Etant donné que le divorce et la séparation de corps sont tous deux permis, le plus simple et le plus sage eût été de proscrire la conversion. L'un ou l'autre des époux pourrait, après la séparation demander le divorce, mais ce serait une instance nouvelle et sans lien avec la première. L'époux catholique qui a obtenu la séparation de corps à son profit, s'abstiendrait d'user de là faculté de demander le divorce. Il n'aurait pas à craindre de le voir prononcer contre lui sur la demande de son conjoint, puisque les torts sont du côté de ce dernier.

Le législateur eût encore pu se rallier à un second système, et déclarer que l'époux contre qui la séparation a été prononcée, ne peut pas demander la conversion, car il est coupable; au contraire son conjoint innocent pourra la demander. Si donc l'époux catholique a obtenu la séparation à son profit, il n'a pas à redouter le divorce, que son conjoint n'est pas admis à demander contre lui.

La loi de 1884 n'a adopté ni l'un ni l'autre de ces systèmes. Ses rédacteurs n'ont pas osé non plus décider, comme l'article 310 du Code de 1804, que l'époux coupable pourrait seul demander la conversion. Quelque coupable qu'il soit, disaient les législateurs de 1804, il ne peut pas être condamné au célibat par son conjoint qui refuse de reprendre la vie commune. Statuer en ce sens, c'était froisser trop ouvertement les consciences; car l'époux non

(1) Léon Renault, *Idem*, Chambre des députés, 1882 (13 juin), p. 903, col. 2.

(2) De Marcère, *Idem*, Sénat, 1884 (19 juin), p. 1114, col. 2.

(3) *Moniteur*, 1792 (1er septembre), p. 1039, col. 3.

catholique pouvait ainsi mettre son conjoint dans l'alternative de subir le divorce qui répugne à sa conscience ou de reprendre une vie commune intolérable.

Les auteurs de la loi nouvelle essayèrent d'abord de faire décider, et c'est le système du projet de 1881 (1), que l'un ou l'autre des époux séparés pourrait demander la conversion, mais que le tribunal devrait la prononcer : c'était un simple enregistrement. Cette disposition n'avait plus le tort de donner à l'époux coupable un pouvoir terrible qui était refusé à l'époux innocent ; mais elle déclarait nettement que l'époux non catholique pourrait imposer le divorce à son conjoint malgré sa conscience.

On n'osa pas froisser aussi ouvertement les convictions catholiques, mais on substitua au mot *devra* dans l'article 310 du Code civil le mot *pourra* (2). Le juge n'est donc pas tenu de prononcer la conversion ; il apprécie et peut la refuser.

Les partisans du divorce qui avaient accepté cette rédaction pour faciliter l'adoption de la loi au Sénat, se réservaient de reprendre plus tard le texte primitif de 1881. MM. Naquet et Léon Renault le firent d'abord sous forme d'amendement au projet de loi relatif à la procédure du divorce présenté au Sénat par le gouvernement le 11 juin 1885 ; mais ils retirèrent leur amendement sur la demande du gouvernement, parce qu'il réglait une question de fond et n'était pas à sa place dans une loi de procédure (3). Six mois après (4), ils le reprirent comme projet de loi spécial (5) ; le Sénat le repoussa le 24 octobre 1886 (6). Cinq jours plus tard, le 28 (7), M. Saint-Martin reprit la même proposition (8) devant la Chambre ; pris en considération le 28 mai 1887 (9), le projet n'est pas venu en discussion.

Malgré la disposition du texte encore en vigueur d'après lequel

(1) NAQUET, *Proposition de loi*, art. 4, *Journal officiel*, Documents parlementaires, Chambre des députés, 1881, p. 1704, col. 3.

(2) *Journal officiel*, Débats parlementaires, Sénat, 1884 (24 juin), p. 1193, col. 2.

(3) NAQUET, *Discours*, *Journal officiel*, Débats parlementaires, Sénat, 1885 (24 décembre), p. 1371, col. 3.

(4) *Idem*, 1886 (21 janvier), p. 1250, col. 3.

(5) *Idem*, Documents parlementaires, Sénat, 1886, p. 81, col. 1.

(6) *Idem*, Débats parlementaires, Sénat, 1886 (23 octobre), p. 1146, col. 3.

(7) *Idem*, Chambre des députés, 1886 (28 octobre), p. 1679, col. 3.

(8) *Idem*, Documents parlementaires, Chambre des députés, 1886, p. 4002, col. 2.

(9) *Idem*, Débats parlementaires, Chambre des députés, 1887 (28 mai), p. 1087, col. 1.

le juge peut, suivant son appréciation et l'examen des circonstances, refuser ou accorder la conversion, la liberté des catholiques n'est pas pour cela sauvegardée. Un époux catholique a obtenu la séparation de corps : sans être absolument certain de se voir imposer le divorce malgré lui au bout de trois ans, il en court grand risque. Il y échappera s'il est dans le ressort des tribunaux qui décident (1) que, quand l'époux coupable n'a pas d'autres griefs à invoquer que ceux relevés contre lui par le jugement de séparation de corps, la conversion doit être refusée. Ce système ne violente pas les consciences, car il n'impose pas le divorce à qui n'en veut pas.

Mais d'autres tribunaux (2), partant de cette idée que le législateur de 1884 a jugé le divorce préférable à la séparation, décident que, du moment où il n'y a plus d'espoir de réconciliation, la conversion doit être accordée à l'époux contre qui la séparation a été prononcée, même s'il n'allègue pas d'autres griefs que ceux relevés contre lui par le jugement de séparation. La loi, dit-on, n'a pas voulu maintenir une situation qui ne laisse pas d'autre alternative qu'un célibat rigoureux ou l'adultère ; elle veut donc que la conversion soit accordée. Alors même qu'un mari contre qui la séparation a été prononcée demanderait la conversion pour épouser sa concubine, et qu'il le pourrait faire, la morale, dit-on (3), veut que le juge lui permette, en convertissant la séparation en divorce, de substituer à un concubinage immoral une union légale avec la concubine. C'est entendre singulièrement la morale que de légaliser ainsi l'adultère, et de prononcer le divorce contre un époux innocent, malgré ses résistances, malgré ses convictions religieuses, pour les mêmes motifs qui, trois ans auparavant, ont fait prononcer la séparation de corps à son profit.

En somme, le système de la loi de 1884 a sur celui du projet de 1881 un léger avantage, c'est que des tribunaux peuvent ne pas imposer le divorce à l'époux catholique innocent au profit de l'époux coupable, lorsque le premier n'a pas à se reprocher de torts postérieurs à la séparation de corps. Mais, à un autre point de vue, il opprime aussi cruellement, quoique avec moins de franchise, les consciences catholiques, en ce qu'il permet au juge de faire ce que le législateur n'a pas osé faire ouvertement.

On ne peut donc plus dire aux rédacteurs de la loi ce qu'on disait aux auteurs du premier projet voté par la Chambre des

(1) Besançon, 27 décembre 1884; Dalloz, 85, II, 99.
(2) Caen, 20 avril 1885; Dalloz, 26, II, 99.
(3) *Ibidem.*

députés (1) : « Je cherche dans votre système la séparation de corps, et je ne vois qu'une pénitence ou une épreuve de trois ans avec le divorce au bout. Par conséquent, c'est le divorce que vous nous apportez, et le divorce seul. » Mais on pourrait le dire à certains tribunaux, qui pourtant ne violent pas la loi de 1884. Aussi l'objection : « cette loi opprime les consciences des catholiques » reste entière, car la rédaction de l'art. 310 du Code civil permet aux tribunaux, si elle ne les y invite pas, d'imposer le divorce au bout de trois ans à l'époux catholique au profit de son conjoint qui, aux termes mêmes du jugement de séparation, a eu tous les torts. N'est-ce point là « fouler manifestement aux pieds les droits des catholiques (2)? » N'est-ce pas « une violation flagrante des droits de la conscience (3)? »

Un nouveau projet de loi, voté à la Chambre des députés le 17 mai 1893, renferme une aggravation de cette disposition déjà si onéreuse pour les catholiques. Au moins le tribunal pouvait-il encore, dans certaines circonstances où l'équité le lui conseillerait, repousser la conversion demandée; il en avait la faculté; d'après ce projet de loi, s'il venait à passer (et nous espérons qu'il sera repoussé comme jadis au Sénat, en 1886), la conversion ne pourrait plus être refusée, car l'art. 310 serait ainsi conçu : « Tout jugement de séparation de corps devenu définitif depuis trois ans au moins sera converti en jugement de divorce, si l'un des époux le demande. » Ce serait le divorce obligatoire à terme.

Cependant les partisans du divorce ne sont pas encore à bout d'arguments; ils ne sauraient nier que le divorce peut, par voie de conversion, être imposé à l'époux qui n'en veut pas et qui ne s'est rendu coupable d'aucun fait de nature à le justifier; mais peu importe, disent-ils, il est loisible à cet époux de se considérer comme encore marié aux yeux de l'Eglise; dans le langage du droit civil on l'appellera divorcé, au lieu de dire qu'il est séparé de corps; mais ce n'est là qu'une question de mots, il continuera à vivre après le divorce comme lorsqu'il n'y avait que séparation de corps; si la loi lui confère malgré lui le droit de se remarier, il a la liberté de n'en pas user; ce n'est pas cette appellation nouvelle de divorcé qui peut violer les droits de sa conscience.

Cette question de nom n'est pas dans l'état actuel des mœurs

(1) Jules Simon, *Journal officiel*, Débats parlementaires, Sénat, 1884 (23 juin), p. 1180, col. 3.

(2) Mgr Freppel, *Idem*, Chambre des députés, 1874 (19 juillet), p. 1173, col. 1.

(3) *Ibidem*.

si indifférente qu'on veut bien le dire. Le titre de femme divorcée est une aggravation par rapport à celui de femme séparée de corps, du moins aux yeux du monde.

En outre, il demeure certain que les femmes françaises qui sont catholiques en immense majorité, qui adhèrent à leur religion d'une manière absolue, lors même qu'elles ne la pratiquent pas (1), ne profiteront jamais du divorce, mais il pourra leur être imposé par voie de conversion. Le rétablissement du divorce n'aura donc pas été autre chose pour les femmes catholiques, c'est-à-dire pour les femmes françaises, que le rétablissement de la répudiation.

Enfin, il est un autre point de vue auquel il faut se placer : si un divorcé se remarie devant l'officier d'état civil et qu'ensuite lui-même ou son nouveau conjoint revient à des sentiments chrétiens, il est impossible à l'un d'eux de sortir de cette liaison coupable aux yeux de la conscience, sans le consentement de l'autre. Dans un concubinage ordinaire entre personnes libres toutes deux, il est bien vrai que, si l'une d'elles veut régulariser sa situation par un mariage religieux, elle ne le peut que si l'autre y consent ; mais, à défaut de cet accord, elle a toujours un moyen de sortir de son état coupable, c'est de quitter son concubin, aucune loi ne l'en empêche.

Ici, au contraire, en cas de mariage civil avec un divorcé, si l'un de ces époux qui en conscience vivent en concubinage, veut se réconcilier avec l'Eglise, l'autre a le droit de l'en empêcher et peut, avec la sanction de la loi civile et de la force publique, le contraindre à continuer cette vie concubine que réprouve la religion. S'il y a une loi qui viole les droits de la conscience, c'est bien celle-là.

La loi du 27 juillet 1884 est donc une des entreprises les plus violentes contre la conscience de l'immense majorité des Français et un des moyens employés pour affaiblir dans les masses les sentiments religieux. Puissions-nous la voir abroger avant qu'elle ait eu le temps de produire ses déplorables effets ! Ou du moins, si c'est là trop espérer, puissent les familles françaises se rappeler ces graves paroles d'un jurisconsulte éminent, M. Troplong, ancien président du Sénat : « Quand un peuple a le divorce dans ses lois, on le loue de ce qu'il ne le pratique pas. »

(1) Jules Simon, *Journal officiel*, Débats parlementaires, Sénat, 1824 (27 mai), p. 980, col. 2.

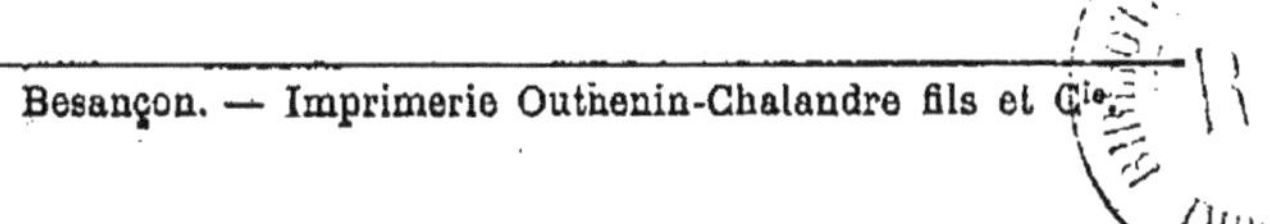

Besançon. — Imprimerie Outhenin-Chalandre fils et Cie.

www.ingramcontent.com/pod-product-compliance
Ingram Content Group UK Ltd.
Pitfield, Milton Keynes, MK11 3LW, UK
UKHW021216230726
13926UKWH00003B/1053

9 782014 036909